NENA SCHINK

ICH BIN NICHT GRÜN

Ein Plädoyer für Freiheit

FBV

Bibliografische Information der Deutschen Nationalbibliothek:
Die Deutsche Nationalbibliothek verzeichnet diese Publikation in der Deutschen
Nationalbibliografie. Detaillierte bibliografische Daten sind im Internet über http://
dnb.d-nb.de abrufbar.

Für Fragen und Anregungen:
info@finanzbuchverlag.de

Originalausgabe, 3. Auflage 2021

© 2021 by FinanzBuch Verlag, ein Imprint der Münchner Verlagsgruppe GmbH
Türkenstraße 89
80799 München
Tel.: 089 651285-0
Fax: 089 652096

Redaktion: Anne Horsten
Korrektorat: Bärbel Knill
Umschlaggestaltung: Isabella Dorsch
Umschlagabbildung: shutterstock/liskus; shutterstock/Viky Ky.
Fotos Buchumschlag: Nils Schwarz
Satz: Zerosoft, Timisoara
Druck: CPI books GmbH, Leck
Printed in Germany

ISBN Print 978-3-95972-519-4
ISBN E-Book (PDF) 978-3-96092-988-8
ISBN E-Book (EPUB, Mobi) 978-3-96092-989-5

Wir produzieren
nachhaltig
www.m-vg.de

Weitere Informationen zum Verlag finden Sie unter:

www.finanzbuchverlag.de

Beachten Sie auch unsere weiteren Verlage unter www.m-vg.de.

Für Martha,
die für die Freiheit von Deutschland nach Deutschland floh.
Sechs Jahre ist dein Tod nun her.
Ich werde dich für immer vermissen.

Hinweis der Autorin

Ich ziere das Cover dieses Buches. Mir ist es aber wichtig, darauf hinzuweisen, dass die Gedanken in diesem Text nicht das Werk eines einzelnen Menschen sind. Dieses Buch ist, wie so vieles im Leben, eine Gemeinschaftsleistung. Besonders möchte ich in diesem Fall Caspar Brockhaus erwähnen. Mit seiner Erfahrung als Unternehmer am Standort Deutschland und seinem großen volks- und betriebswirtschaftlichen Wissen, das er unter anderem an den besten Universitäten der Welt erwarb, war er mir eine große Hilfe bei den Kapiteln, die sich mit Wirtschaft und Umweltpolitik beschäftigen.

INHALT

Vorwort   7

KAPITEL 1
Der Wurf aufs Kanzleramt   11

KAPITEL 2
Journalismus in Grün?   17

KAPITEL 3
**Herausragende Ämter benötigen
herausragende Persönlichkeiten**   29

KAPITEL 4
Arme Umwelt – alle böse, außer die Grünen   39

KAPITEL 5
Das wird man ja wohl noch verbieten dürfen!   57

KAPITEL 6
Moralpopulismus   69

KAPITEL 7
Freiheit ist Verantwortung   85

KAPITEL 8
**Grüne Planwirtschaft – der Fahrradweg
in die Armut**   97

KAPITEL 9
Seifenblasenpolitik 109

KAPITEL 10
**Weniger ist weniger – Degrowth ist nicht
sozial, sondern asozial** 125

KAPITEL 11
**»Grün muss man sich leisten können« – ein
Gespräch mit Jan Fleischhauer** 137

KAPITEL 12
Konservativ als Schreckgespenst 151

KAPITEL 13
Warum wir die soziale Schere brauchen . . . 157

Und jetzt? Das Nachwort 169

Danksagung 177

Anmerkungen 181

VORWORT

Wenn ich an Freiheit denke, denke ich an meine Uroma Martha. Sie floh aus der DDR in die Bundesrepublik. Auf dem Arm trug sie ihre kleine Tochter, die zum ersten Mal in ihrem Leben eine Banane aß. Ein Lastwagenfahrer schenkte sie ihr. Martha ließ ihre Heimat zurück. Sie verließ Familie, Freunde, Haus und folgte ihrem Mann in den Westen, wo sie in einer zerbombten Zweizimmerwohnung lebten. Sie waren arm, aber frei.

Von klein auf faszinierte mich ihr Leben. Etliche Male erzählte sie mir am Küchentisch von der damaligen Zeit. Zu Uromas 90. Geburtstag flogen wir gemeinsam in ihre alte Heimat nach Hohenthurm. Während des Fluges erzählte sie mir eine Anekdote, die ich nie wieder vergessen sollte: »Dein Uropa wurde kurz inhaftiert, weil er aus dem Westen noch mal zurückkehrte, um mich und deine Oma Ilona zu sehen. Bei der erneuten Flucht wurde er geschnappt. In seine Gefängniswand hatte ein Häftling geritzt: ›Ich wurde als Deutscher von Deutschen gefangen, weil ich von Deutschland nach Deutschland gegangen.‹«

Spätestens in diesem Moment begriff ich, dass meine so selbstverständlich wirkende Freiheit nicht selbstverständlich ist, niemals selbstverständlich sein wird. Freiheit bedeutet Verantwortung, wie Medienmanager Mathias Döpfner einst identifizierte und schrieb: »Demokratien sind Neinsager-Gesellschaften. Diktaturen sind Jasager-Gesellschaften.«[1]

Er erklärt: »Die echte Freiheit zum Nein aber ist immer ein Risiko. Sie kann Verlust bedeuten: Harmonie, den Besitz, das Leben. Wer den Mut zum Nein hat, ist ein Freund der Freiheit, der nickende Befehlsempfänger und der unterwürfige Jasager sind ihre Feinde. Freiheit ist nicht bequem. Freiheit ohne Verantwortung ist keine Freiheit].«[2]

In diesen Tagen fehlt es mir an Neinsagern, besonders in den Reihen meiner Generation. Alle sind so furchtbar angepasst. Es beschleicht mich dann und wann das Gefühl, dass die größte Angst in unserer Gesellschaft das Anecken ist. Man kann es auch als Harmoniesucht bezeichnen. Mir ist das fremd, mir macht das Angst. Ähnlich unheimlich sind mir die hohen Zustimmungswerte der Partei Bündnis 90/Die Grünen.

Die Grünen erleben seit Wochen und Monaten neue Höhenflüge. Vor wenigen Wochen hätten sogar die meisten Menschen in Deutschland grün gewählt. Das stimmt mich nachdenklich, haben sich doch die Grünen bis heute ihren sozialistischen Kern, ihre Lust am Verbieten, bewahrt.

Am 28. April 2021 warnte ich in der TV-Sendung *Maischberger. die Woche* vor dem roten Wolf im grünen Schafspelz und der Kanzlerkandidatin Annalena Baerbock. Ich konnte mich nicht mehr zurückhalten, so platzte es aus mir heraus, als um mich herum wieder die Grünen in den Himmel gelobt wurden und ihre Spitzenkandidatin quasi heiliggesprochen wurde: »Das klingt für mich immer bei Frau Baerbock wie die gute Schülerin, die lernt. Ich will als Kanzlerin aber niemanden haben, der noch ein Lehrling ist. Ich will jemanden haben, der Erfahrung hat. Sie hat weder Wirtschaftsexpertise noch Regierungserfahrung.«

Meine Worte wählte ich aus tiefster Überzeugung: »Für das höchste politische Amt brauchen wir herausragende Persönlichkeiten mit Erfahrung. Doch was ich am allerschlimmsten an Frau Baerbock finde: Sie spricht nicht Klartext. Ich bin mir bewusst, wir sind noch in einer ganz frühen Phase, aber sie muss doch öffentlich sagen, ob Grün-Rot-Rot, ob sie das eingehen würde? Weil, solange sie das noch nicht geklärt hat, ist eine Stimme für die Grünen immer eine Stimme für die Linke«, erklärte ich in der Sendung von Frau Maischberger und verlieh meiner Sorge Ausdruck: »Das wäre ein Totalreinfall für Deutschland, wenn Deutschland als Industrienation eine grün-rot-rote Regierung hätte. Dann können wir uns ja direkt einsargen.«[3]

Meine Angst vor dem sozialistischen Wolf traf einen Nerv. Meine Statements gingen viral. Millionenfach wurde das Video in den sozialen Medien angesehen, geteilt und verschickt. Und es gab, wie so häufig bei einer rasanten Verbreitung in den sozialen Medien, großen Applaus und Ermunterung von der einen und harsche Kritik und das Verlangen nach weiteren Argumenten von der anderen Hälfte der Nutzer. Für die konservativen und liberalen Unterstützer habe ich dieses Buch genauso geschrieben wie für die linken und grünen Kritiker.

Ich bin nicht grün ist die Fortführung meines Auftrittes bei Frau Maischberger, und dieses Buch entspricht der journalistischen Gattung Kommentar in XXL-Form. Auf den folgenden Seiten nehme ich dich mit auf eine Reise durch Moralpopulismus, grüne Planwirtschaft und die hochgelobte grüne Welt, die jedoch nicht viel mehr als eine Scheinwelt sein kann, gefüllt mit Verboten und ideologischen Seifenblasen.

Neben dem grünen Zeitgeist und dem Parteiprogramm behandeln wir die Fragen, woher die Euphorie für die Partei Bündnis 90/Die Grünen kommt, und welche Rolle dabei die Journalisten spielen. Eines steht fest: Grün zu sein, scheint en vogue zu sein. Es ist die sympathische Wahl für jedermann. Logisch: Was soll man auch gegen jemanden haben, der für die Umwelt kämpft? Und wie kann eine 28-Jährige eigentlich gegen Fortschritt, Nachhaltigkeit und Erneuerung sein? Bin ich nicht, aber ich lade dich ein, mich bei meiner Besichtigung des grünen Luftschlosses zu begleiten.

Bei aller Analyse enthält *Ich bin nicht grün* in hoher Dosierung Meinung. Ich freue mich schon auf anregende Zuschriften, vor allem auf die Gegenargumente zu meinen Thesen bis hin zu maximaler Ablehnung. Es ist ein ausgesprochenes Privileg, in einer freiheitlichen, meinungspluralistischen Gesellschaft leben zu dürfen.

Bewahren wir uns dieses Privileg. Durch Schweigen und Nichtstun gelingt das nicht. Demokratie lebt vom leidenschaftlichen Streit, von der mitunter robusten Auseinandersetzung mit Argumenten. Die Devise unserer Tage muss lauten: mehr produktiven Streit wagen.

21. Juni 2021, Nena Schink

DER WURF AUFS KANZLERAMT

Wie in jeder guten Gründungsgeschichte gibt es auch in den Anfangsjahren der Grünen eine Ikone: Petra Kelly. »Bei einem Treffen am 17. und 18. März 1979 in Frankfurt Sindlingen wird die Sonstige politische Vereinigung die Grünen ins Leben gerufen [...] Die Versammlung beschließt ein Programm und stellt eine Liste auf. Sie kürt Petra Kelly zur Spitzenkandidatin, die wie geschaffen ist für die Rolle im Rampenlicht.« Kelly besitzt das gewisse Etwas, um eine Parteigründung voranzutreiben. Sie ist sich der Regel »Menschen lieben Menschen« bewusst, weiß um die Macht der Bilder und wie wichtig die richtige Symbolik ist: »Wenn Kelly in Mutlangen für den Frieden demonstriert, trägt sie einen Stahlhelm, den sie mit Blumen geschmückt hat.«[1]

Abgesehen von ihren Vermarktungskünsten ist Kelly auf Linie mit der grünen »›Anti-Parteien-Partei‹ voller Idealisten, Weltverbesserer und Gutmenschen, denen der Kompromiss [und Realpolitik] als Verrat an der grünen Idee galt. [...] Mitgründerin Kelly ging gar so weit, dass sie aus grünem Idealismus fürchtete, dass ihre Partei eines Tages anfangen könnte, ›Minister nach Bonn zu schicken‹.«[2]

Diese Einstellung hat sich bis heute fundamental geändert, apropos fundamental: Die sogenannten Fundis gibt es heute noch, wenn auch in veränderter Form. Früher war der Fundi-Flügel der Partei ökosozialistisch und lehnte eine Regierungsbeteiligung strikt ab. Heute verschwimmen die Grenzen zwischen den Fundis und dem Rest der Fraktion, und die Grünen streben nach Macht. Das ökosozialistische Gedankengut haben sie jedoch beibehalten. Besonders in der Grünen Jugend, dem Jugendverband der Partei, sind radikal ökologische und sozialistische Ideen weiterhin verbreitet. Wie sie auf ihrer Homepage schreiben, kämpfen sie »als Aktivist*innen« und sind »Teil linker Bewegungen«.[3]

Die Grünen setzen sich ein für »ein grundlegend anderes Wirtschaftssystem«, sie wenden sich also ab von unserer bewährten sozialen Marktwirtschaft, hin zu einer sozialistischen Planwirtschaft. Ebenso bewerten sie Wachstum und wirtschaftlichen Gewinn als nachteilig für die Welt und möchten beides reduzieren.

Sogenannte »Degrowth«-Forderungen, sprich wirtschaftliches Wachstum abzulehnen, sind bei den Grünen dementsprechend weitverbreitet. Solchen Fantasien habe ich sogar ein eigenes Kapitel gewidmet, weil ich es als ungemein gefährlich und asozial erachte. Aber dazu kommen wir noch.

Die Parteispitze der Grünen verfolgt mutmaßlich die eine oder andere entsprechende Idee, hat sich aber strategisch auf Macht gepolt. Es geht schließlich auch um die eigenen Jobs, wie attraktive Ministerposten und viele weitere Regierungsämter.

Daher findet sich dieses Jahr kaum noch eine Fundi-Position im Wahlprogramm dieser Partei, denn sie befürchtet, dass sie damit zu viele Wähler abschrecken könnte, so wie bei den vergangenen Wahlen. Die tausenden Änderungsanträge mit teilweise ökosozialistischen Ansätzen haben es auch von der Vorabveröffentlichung bis zur finalen Festlegung nicht ins Wahlprogramm geschafft.

Die Botschaft der Grünen im Jahr 2021 ist klar: Wir wollen ins Kanzleramt. Die Fundis und die Sünden der Vergangenheit sollen ihnen nicht weiter im Weg stehen. Die Affinität zum linken Terror der 1970er-Jahre (Stichwort: Rote Armee Fraktion) oder auch der Kindersexskandal, bei dem parteiintern in Nordrhein-Westfalen Anträge, die die Legalisierung von Sex mit Minderjährigen verlangten, verabschiedet wurden, sind Vergangenheit.[4] Diese ungeheuerlichen Auswüchse liegen tatsächlich inzwischen so weit zurück, dass sie nicht mehr als Argumente gegen die grüne Partei im Jahr 2021 gelten sollten.

Die Überschrift dieses Kapitels spielt dennoch mit der militanten Vergangenheit der Partei. Denn die Grünen-Ikone Joschka Fischer war früher in der Hausbesetzerszene aktiv.[5] Der ehemalige Steinewerfer verlagerte später seinen Wirkungskreis von der Straßenschlacht ins Außenministerium.

Frau Baerbock hat aller Kenntnis nach keine militante Vergangenheit, aber ein höheres Ziel als Herr Fischer, nämlich das Kanzleramt. Es ist für sie und eine klassische Oppositionspartei wie die Grünen auch im übertragenen

Sinne ein großer Wurf, einen Kanzlerkandidaten zu stellen. Um die Bundestagswahl zu gewinnen, müssten die Grünen im Vergleich zur letzten Wahl ihre Wählerschaft ungefähr verdreifachen, von circa vier Millionen auf rund zwölf Millionen Stimmen.

Noch vor vier Jahren schien eine solche Steigerung für sie unerreichbar. Erst mit Greta Thunberg und der Fridays-for-Future-Protestbewegung ging es mit den Umfragewerten für die Grünen steil bergauf. Erhielten sie bei der Bundestagswahl im Jahr 2017 nur 9 Prozent, so konnten sie seit dem Klima-Hype, der im Jahr 2018 begann, konstant um die 20 Prozent erzielen. Nur zu Beginn der Corona-Krise verloren sie zeitweise an Zustimmung. Zuletzt wurden in Umfragen aber wieder Werte deutlich über 20 Prozent, fast bis zu 30 Prozent, für die Grünen ermittelt.[6]

 Es ist also durchaus möglich, dass die Grünen mit ihrem Wurf dieses Mal im Kanzleramt landen.

Grün ist en vogue, grün ist gut, nicht nur, was die Parteienlandschaft betrifft. Wir können immer mehr Bioprodukte kaufen, weil Unternehmen begriffen haben, dass wir Konsumenten dies begrüßen und nachfragen. Magazine, Tageszeitungen, Netflix und Instagram: Die Medien sind voll von Aufrufen zu mehr Klimaschutz und einem grünen Lifestyle.

Nur selten handelt es sich dabei um einen Appell, grün zu wählen. Für die grünen Wahlkämpfer ist es aber natürlich eine wunderbare Assoziation, mit der sie ihre Fraktion emotional positiv aufladen. Ohnehin hat diese Partei ihre Farbe großartig gewählt, schließlich steht Grün für die Hoffnung.

Selbstverständlich ist es nicht nur der durchaus sinnvollen Farbwahl geschuldet, dass die Grünen von einer »merkwürdigen« Randgruppe, mit der die bürgerliche Mitte Deutschlands über Jahrzehnte fremdelte, zu einer Mainstream-Partei geworden sind.

Diese Gruppierung hat es geschafft, sich zur Wohlfühlpartei zu entwickeln, nicht nur für Fundis, Gutmenschen und Antiautoritäre. Anscheinend ist es ihr gelungen, immer mehr bürgerliche Wähler aus eigentlich konservativen Haushalten für sich zu sympathisieren, darunter ein großer Anteil weiblicher Wähler.

Um diesen Trend fortzusetzen, haben die Grünen sich im diesjährigen Wahlkampf vorgenommen, möglichst wenig radikale und dafür umso mehr Wohlfühlrhetorik anzuwenden. Doch der neue bürgerliche Anstrich, den die Parteispitze im Wahlkampf sorgfältig pflegt, würde bei einer Kanzlerschaft SOFORT zu bröckeln beginnen. Denn hinter der Fassade ist diese Partei immer noch sozialistischer, als sie von außen vermuten lässt, und eine gehörige Portion Petra Kelly steckt nach wie vor in ihr.

 Die Grünen ins Kanzleramt? Ein großer Wurf, der hoffentlich am Ziel vorbeigeht.

JOURNALISMUS IN GRÜN?

Wenn es um das Thema links eingefärbter Journalismus geht, erinnere ich mich gern an eine längst zurückliegende Begebenheit. Ich war Anfang 20, absolvierte meine Praktika bei verschiedenen journalistischen Medien, und ein älterer Journalist riet mir BEHERZT zur politischen Zurückhaltung: »Frau Schink, Sie sind sehr ehrgeizig, aber wenn Sie im Journalismus Karriere machen wollen, tun Sie sich mit Ihren konservativen, liberalen Überzeugungen keinen Gefallen. Die Medienbranche ist links. Gewöhnen Sie sich dran.«

Ich war verdutzt, denn ich hatte damals keine Ahnung, dass zahlreiche Journalisten dem linken Lager angehören. Zudem gibt es nicht viele Studien zu den politischen Vorlieben von Medienmenschen. Eine der bedeutendsten hat das Hamburger Institut für Journalistik 2005 veröffentlicht.[1] Danach verteilte sich die politische Sympathie wie folgt: Grüne 35,5 Prozent, SPD 26 Prozent, CDU 8,7 Prozent, FDP 6,3 Prozent, Sonstige 4 Prozent, keine Partei 19,6 Prozent.

Seit dem Jahr 2005 ist politisch viel passiert, und es folgten weitere kleinere Erhebungen. Kürzlich erst, im Jahr 2020, haben drei Volontäre der ARD eine Umfrage unter ihren Ausbildungskollegen durchgeführt. Sie wollten wissen, wie politisch divers die nächste Generation von Journalisten ist, und befragten dazu alle 150 Volontäre, die sich bei den öffentlich-rechtlichen Sendern gerade in Ausbildung befanden. 86 der 150 Jungjournalisten haben geantwortet.

Das Ergebnis: 92,2 Prozentstimmen für Rot-Rot-Grün, lediglich 8 Prozent für andere, liberale, konservative, rechte Parteien.[2] Zwar ist die Erhebung zu klein, um repräsentativ zu sein, doch für eine Tendenz genügt sie.

In beiden Umfragen tritt klar zutage: Es gibt deutlich weniger liberale und konservative als grüne und linke Journalisten. Diesen Fakt beschrieb der heutige *Focus*-Kolumnist Jan Fleischhauer bereits vor zehn Jahren: »In der Meinungswirtschaft, in der ich mein Geld verdiene, gibt es praktisch nur Linke. Und wer es nicht ist, behält das lieber für sich. Ein Grund für die kulturelle Dominanz der Linken mag sein, dass die anderen nichts zu sagen haben oder die eigenen linken Ideen so überzeugend sind, dass neben ihnen alles verblasst. Ich vermute eher, viele sind links, weil es die anderen auch sind.«[3]

In seinem Buch *How dare you! Vom Vorteil, eine eigene Meinung zu haben, wenn alle dasselbe denken* ging Fleischhauer weiter auf Spurensuche: »Mein Freund Roger Köppel, heute Chefredakteur der Weltwoche, hat das einmal so beschrieben: Stellen Sie sich vor, Sie sind mit Bill Gates zur Schule gegangen. Jetzt sitzen Sie vor dem Fernseher, während eine Dokumentation über Ihren ehemaligen Klassenkameraden läuft. Der Kopf Ihrer Frau dreht sich, Sie spüren schon den unausgesprochenen Vorwurf: Bill Gates hat 50 Milliarden, du hast es nur zum Redakteur einer mittelgroßen Zeitung gebracht, was ist schiefgelaufen? Da haben Sie nur eine Chance, wie Sie sich herauswinden können. Sie sagen: Das stimmt schon, Bill Gates ist viel reicher als ich. Aber ich habe mich nicht korrumpieren lassen. Ich bin nicht zum Kapitalistenschwein geworden.«[4]

Doch sind es die vermeintlichen Minderwertigkeitskomplexe, es nicht zu mehr Wohlstand und Reichtum gebracht zu haben, die die meisten Journalisten links denken lassen? Zumindest die große Zahl der links-grün eingestellten Volontäre belegt dies nicht, im Gegenteil. Denn hätte Köppel recht, müssten Journalisten erst im Laufe der Zeit, mit zunehmendem Alter und ausbleibendem Erfolg, nach links rücken, um ihren finanziellen Misserfolg zu relativieren. Doch dem ist nicht so. Ich bin überzeugt: Köppel hat hier zu kurz gedacht.

Weitaus zielführender kam in meinen Augen der Wirtschaftsjournalist Thomas Tuma in einem preisgekrönten Beitrag für den *Spiegel* den wahren Beweggründen vieler Journalisten auf die Schliche: »Denn seien wir ehrlich: Sobald hierzulande von Reichtum die Rede ist, fühlen sich viele Journalisten bemüßigt, ihn misstrauisch bis höhnisch einzubetten. Weil sie denken, sie seien das ihren Lesern schuldig. Weil es ja tatsächlich Abzocker, Neureichenkarikaturen und Unsympathen gibt. Und weil es ziemlich leicht ist, auf Wohlhabenden herumzukloppen, sie wehren sich ja kaum noch.«

Viele Journalisten schreiben demnach also einfach das, was die Mehrheit der Menschen denkt. Kein Wunder, nichts bringt mehr Sympathien, als zu äußern, was die Leute hören wollen. Es nennt sich: nah am Leser sein.

Seine Ausführungen erklärt Tuma an einem Paradebeispiel: »Es hatte schon etwas rührend Scheinheiliges, als kurz vor Weihnachten ein ›Zeit‹-Reporter – als obdachsuchender Josef verkleidet – mit einer Schauspielerinnen-Maria durch Kronberg im Taunus schlurchte. Ihr Ziel: im Feierabendrefugium der Frankfurter Hochfinanz knallhart zu dokumentieren, dass man ihnen dort nicht gleich den Glasflügel frei räumt, wenn sie an den videoüberwachten Eingangstoren klingeln. Der Erkenntniswert des Reports war begrenzt. Denn wie würden die Bewohner von sogenannten sozialen Brennpunkten wie Berlin-Marzahn oder München-Hasenbergl auf einen zerlumpten ›Zeit‹-Redakteur reagieren?«

Tumas Erklärungen enden in einem, wie ich finde, treffenden Fazit: »Die Aktion zeigt auch, wie schlicht und reibungslos Eliten-Bashing mittlerweile selbst für eine großbürgerliche Leserschaft funktioniert.«[5] Es ist also nicht, wie von Roger Köppel behauptet, ein linkes journalistisches Problem, sondern die Ursache liegt in großen Teilen der Gesellschaft. Für dieses Phänomen der Antipathie gegenüber Reichen gibt es einen schönen Begriff: Sozialneid.

Der Grünen-Hype in den deutschen Medien

Abgesehen vom Reichen-Bashing gibt es noch einen Punkt, in dem sich meinem Geschmack nach ZU VIELE Medien im April 2021 einig waren: Annalena Baerbock ist eine großartige Kanzlerkandidatin. Während der *Stern* am 22.04.2021 sein Cover mit den Worten: »Endlich anders – Annalena Baerbock will neue Spielregeln für die Politik. Wie weit wird sie kommen?« betitelte, widmete der *Spiegel* ihr am 24.04.2021 den Titel mit der Überschrift: »Die Frau für alle Fälle. Annalena Baerbock. Wer sie ist – und warum keiner mehr an ihr vorbeikommt.«

Nicht nur die politischen Nachrichtenmagazine haben die Kanzleranwärterin zu Beginn ihrer Kandidatur in einer Art und Weise beschrieben, die mehr als PR denn als Journalismus daherkommt. Auch die Frauenmagazine mischten kräftig mit. In *Bunte Quarterly* aus dem Hause Hubert Burda wird Annalena Baerbock in der Maiausgabe 2021 auf der Seite »Leute von Heute« als geradlinig betitelt. Der Text unter ihrem Bild lautet: »Man darf aufatmen. Sollten alle Prognosen zutreffen, wird sich die Kanzlerfrage nicht nur zwischen ein paar Ü60-Krawatten entscheiden. Annalena Baerbock, 40, von den Grünen, würde frischen Wind in den ergrauten Testosteron-Wahlherbst bringen. Ah Moment, Moment. Frischer Wind, nur weil sie eine Frau ist, oder was? Natürlich nicht. Frischer Wind, weil sie klug, kämpferisch und mit der derzeit wohl am höchsten entwickelten Politik-Sensibilität in Deutschland ausgestattet ist.«

Die Lobeshymne geht weiter und gipfelt im *Bunte*-Fazit: »Annalena Baerbock hat so eine ehrliche Handschlag-Aura, die man heutzutage lange suchen muss. Zumindest in der Politik.« Mich macht so viel mediale Zustimmung in Form von Vorschusslorbeeren stutzig: Woran macht die Autorin fest, dass Frau Baerbock die höchstentwickelte Politiksensibilität in Deutschland mitbringt? Was versteht sich eigentlich unter einer ehrlichen Handschlag-Aura? Wie oft hat die Verfasserin dieses *Bunte*-Beitrags die Kanzlerkandidatin wohl schon persönlich getroffen? Und was ist eigentlich schlecht daran, Ü6o zu sein?

Man könnte dies als GRÜN-FUNK in der deutschen Medienlandschaft auslegen. Sicherlich besteht ein Überhang an links-grün argumentierenden Journalisten in Deutschland. Doch dieses Ungleichgewicht ist meines Erachtens mitnichten das größte Problem.

Vielmehr finde ich es bedenklich, wenn Berichterstattung PR gleicht, denn dann hat sie nichts mehr mit dem journalistischen Kernauftrag zu tun.

 Im Journalismus sollte ganz klar gelten: Haltung: JA! PR: Nein!

Egal ob die Titelblätter von *Spiegel* und *Stern* oder die Lobeshymne in der *Bunten:* Sie ALLE gehen DEUTLICH zu weit.

Meine Kritik an PR-ähnlichen Berichten in der deutschen Medienlandschaft bezieht sich jedoch NICHT auf die politische Ausrichtung der einzelnen Journalisten. Beträfen diese Baerbock'schen-Schlagzeilen und Berichte konservative

Politiker wie Armin Laschet und Markus Söder oder Liberale wie Christian Lindner und Wolfgang Kubicki, würde ich diese Beiträge als genauso falsch bewerten.

Journalisten dürfen Haltung zeigen, wenn sie diese mit Kritik anstelle von zu großem Applaus verbinden. Denn wenn Journalismus zum reinen PR-Spektakel wird, ist unsere Demokratie in Gefahr. EGAL über welche Partei wohlgesonnen berichtet wird.

> Kommen wir zur Gretchenfrage, die sich viele konservative Kritiker stellen: Ist es schlimm, dass die Mehrheit der Journalisten laut Studien mit linken Ideen sympathisiert?

Wenn du, lieber Leser, von einem neutralen Journalismus, der ohne Haltung und Meinung auskommt, träumen solltest: JA, dann sind diese Statistiken schlimm. Doch es gibt neben der neutralen Berichterstattung wie dem Artikel auch verschiedene journalistische Formate wie den Kommentar oder die Kolumne, in denen ein Pressevertreter seine Sichtweise der Lage äußert.

Ich bin nicht grün ist beispielsweise ein XXL-Meinungsbeitrag, ein Kommentar in Buchform.

Auch wenn ich überzeugt bin, dass in Redaktionen eine gewisse Balance zwischen linken und konservativen Lagern zu begrüßen wäre, insbesondere bei den öffentlich-rechtlichen Medien, frage ich mich, wie der Journalismus die politischen Vorlieben seiner Akteure vermeiden soll.

Sollen angehende Volontäre beim Vorstellungsgespräch bald ihre politische Überzeugung angeben müssen? Wie sähe das in der Realität aus: Neun gute, dem grün-linken Lager zuzuordnende Journalisten treffen im Worst Case auf sechs konservative, weniger brillante Anwärter? Wem würdest du selbst den Vorzug geben?

Für mich ist das Sortieren nach politischen Meinungen KEINE Lösung. Ein solches Vorgehen würde das Recht auf freie Berufswahl und das Leistungsprinzip zugleich aushebeln. Stattdessen wären Anreize sinnvoll, die auch Menschen mit konservativer und liberaler Geisteshaltung vermehrt für den Journalismus begeistern.

Zudem, und das ist für mich der entscheidende Punkt, führt eine fundierte journalistische Ausbildung dazu, dass die politische Privatmeinung im beruflichen Alltag, außerhalb von Kommentaren, Kolumnen und anderen Meinungsformaten, (nahezu) keine Rolle spielt.

Auch ein Journalist, der privat mit den politischen Ideen der Grünen sympathisiert, sollte durchaus in der Lage sein, einen Grünen-Politiker kritisch zu interviewen. Dasselbe gilt für einen konservativen Redakteur, der beispielsweise Kanzlerkandidat Armin Laschet trifft.

Wir Journalisten kommen nicht zum Applaudieren, sondern um zu kritisieren. Dabei sollte die Einhaltung einer professionellen Etikette selbstverständlich sein, egal welchem Lager ein Pressevertreter sich zuordnet.

Denn unsere Freiheit zu wahren, obliegt nicht nur den Bürgern. Sondern auch der Presse. Journalismus ist wichtig, um unsere Demokratie zu erhalten, und die journalistische Landschaft muss deshalb einen hohen Grad an Meinungspluralität aufweisen. Schließlich ist das Vertrauen der Bürger in die Presse ein wichtiges Gut, das in den letzten Jahren vielen Menschen gefühlt abhandengekommen ist. Aber ist das wirklich so?

Von wegen gleichgeschaltete Medien!

Zwar finden einer Studie zufolge mehr Menschen die Medien in Deutschland heute glaubwürdiger als noch vor Jahren. Dennoch gehen immerhin 35 Prozent von ihnen davon aus, dass Staat und Regierung den deutschen Medien vorgeben, worüber sie berichten sollen.[6] Das ist also rund jeder Dritte in Deutschland.

Innerhalb der Gruppe, die dies annimmt, glauben viele Menschen, dass der öffentlich-rechtliche Rundfunk von diesem Missstand besonders betroffen sei. Das Augenmerk ist klar, trägt dieser Rundfunk doch eine große Verantwortung, neutral zu berichten, da wir Bürger verpflichtet sind, für seine Berichterstattung zu zahlen – 8 Milliarden Euro im Jahr.[7]

Indes verwundert die alarmierende Statistik mich leider nicht. Nicht, weil ich je erlebt habe, wie die Regierung einem Journalisten diktiert hat, was er zu schreiben habe, ganz und gar NICHT. Sondern weil die Kommentare unter meinen Posts in den sozialen Medien mir immer wieder

den Argwohn der Bürger gegenüber der deutschen Medienlandschaft offenbaren. Eine Kostprobe gefällig? Gern!

Unter der Ankündigung für dieses Buch wurde beispielsweise kommentiert: »Schön so bleiben und sich nicht den
Mainstream-Medien anpassen«, oder: »Ich freue mich über
jeden Journalisten, der aus der Art schlägt und der seinen Kopf
nicht für eine wie auch immer geartete Frisur nutzt. Leider sind
couragierte und intelligente Redakteure selten geworden.«

Den ersten Kommentator habe ich gekonnt ignoriert,
kommt die Bezeichnung »Mainstream-Medien« doch
genauso aus der rechtspopulistischen bis rechtsextremen
Ecke wie »gleichgeschaltet« oder das abscheuliche Wort
»Lügenpresse«. Doch beim Lesen des zweiten Kommentars hätte ich am liebsten laut NEIN geschrien, kenne ich
doch unzählige couragierte, grandiose Journalisten. Übrigens auch beim öffentlich-rechtlichen Rundfunk, von dem
laut der besagten Studie mehr Menschen glauben, dass
dieser regierungstreu berichten würde.

In Erinnerung an befreundete Journalisten und an meinen Auftritt bei Sandra Maischberger, einer Sendung des
öffentlich-rechtlichen Rundfunks, wo ich in KEINSTER
Weise in meiner Meinung eingeschränkt wurde, tippte ich
flink eine Antwort auf den Kommentar in mein Handy:
»Finden Sie? Ich kenne zahlreiche couragierte Journalisten,
die tolle Arbeit leisten.« Die Reaktion meines Gegenübers
ließ nicht lange auf sich warten: »Die gibt es auch. Aber in
der Realität, werden die grün wählenden und dabei noch
weiter links denkenden und häufig auch noch staatshörigen

Reporter überdurchschnittlich oft zitiert und wahrgenommen, oder?«

Die oben genannten Studien haben gezeigt, dass die Mehrheit der Journalisten links eingestellt ist, aber deswegen steht es NIEMANDEM zu, ihnen eine neutrale Berichterstattung abzusprechen. Noch viel wichtiger: Du, lieber Leser, bist für mich MÜNDIG. Du hast den Mut, dich deines eigenen Verstandes zu bedienen und bist kein Lemming, der die Presse konsumiert, ohne sich seine eigene Meinung zu bilden.

Also bleib bei deinem Informationskonsum stets wachsam: Berichtet das Medium deiner Wahl kritisch genug? Kommt ausreichend Meinungspluralität darin vor? Wird eine Partei mit zu viel Nachsicht behandelt oder mit zu viel Applaus bedacht? Wenn dir Mängel auffallen, du deine Meinung nicht ausreichend gehört fühlst, friss deinen Frust nicht in dich hinein.

Handele lieber gewinnbringend: Teile deine Meinung in den sozialen Netzwerken, schreib Leserbriefe, schicke deinen Gastkommentar an die Medien, wenn du glaubst, dich bei einer vernachlässigten Meinung besonders gut auszukennen. Oder gehe noch weiter, publiziere über einen eigenen Blog. Das war nie einfacher als heute.

Die Zeit, in der die Berichterstattung ausschließlich den Verlagen gehörte, ist längst passé.

Die zentrale Frage in der Grün-Funk-Diskussion lautet: Beeinflussen die Vorlieben der Journalisten die Wahlentscheidung?

Ein Blick auf die Wahlergebnisse der vergangenen Jahre und Jahrzehnte lässt es erahnen: Eine solche Einflussnahme tritt wohl kaum im größeren Maße auf. Selbst Fleischhauer schreibt in seiner Kolumne *Der schwarze Kanal*: »Die tröstliche Nachricht ist: Die Voreingenommenheit der Medien spielt für die Wahlentscheidung eine weit geringere Rolle, als man vermuten sollte. Wäre es anders, hätte Helmut Kohl nie Bundeskanzler werden können. Was wurde der Mann nicht verspottet, als Gimpel, als Tor, als Birne. Trotzdem wählten ihn die Deutschen mit so schöner Regelmäßigkeit, dass sich am Ende kaum noch jemand an eine Zeit ohne ihn erinnern konnte. Woran man erkennen kann, dass sich die Leute eine eigene Meinung erlauben, allen Kommentaren und Kolumnen zum Trotz.«[8]

So ist es. Auch meiner Haltung musst du nicht zustimmen, lieber Leser. Du darfst Unmut darüber empfinden, dass die meisten Journalisten laut Studien dem linken Lager zuzuordnen sind.

Seit jeher gilt: Meinungen infrage zu stellen, ist ein essenzieller Grundstein unserer Demokratie. Oder wie der Schriftsteller Theodor Fontane seinen Romanhelden Dubslav von Stechlin sagen lässt: »Unanfechtbare Wahrheiten gibt es überhaupt nicht, und wenn es welche gibt, so sind sie langweilig.«

 Und langweilen wollen wir Journalisten dich niemals, schon gar nicht ich.

HERAUSRAGENDE ÄMTER BENÖTIGEN HERAUSRAGENDE PERSÖNLICHKEITEN

Vor wenigen Wochen wurde ich im *Bild*-Polit-Talk »Die richtigen Fragen« dazu aufgefordert, auch einmal etwas Nettes über Kanzlerkandidatin Annalena Baerbock zu sagen. Das fällt mir nicht schwer: Sie ist schlagfertig, klug, gilt als fleißig, diszipliniert und verfügt über eine exzellente universitäre Ausbildung. Ihr Studium hat sie unter anderem an der renommierten London School of Economics samt Masterabschluss absolviert. Zudem ist sie Mutter zweier Töchter und schafft den Spagat zwischen Beruf und Familie. Meines Erachtens ist Frau Baerbock ein geeignetes Vorbild für junge Frauen – nur als Kanzlerkandidatin taugt sie NICHT.

Denn für diese Position bedarf es mehr als der genannten Eigenschaften, schließlich ist es das mächtigste politische Amt unserer Bundesrepublik. Wer es anstrebt, benötigt Regierungserfahrung und Wirtschaftsexpertise. Über beides verfügt Frau Baerbock nicht.

Ein kurzer Abriss ihrer beruflichen Erfahrung: freie Mitarbeiterin bei der *Hannoverschen Allgemeinen Zeitung*, Tätigkeit in verschiedenen Bereichen für die Europaabgeordnete Elisabeth Schroedter, von 2008 bis 2009 Referentin für Außen- und Sicherheitspolitik der Bundestagsfraktion Bündnis 90/ Die Grünen. Daraufhin begann sie mit ihrer Promotion, die sie aufgrund ihrer Tätigkeit als Bundestagsabgeordnete für die Grünen ab 2013 nicht abgeschlossen hat.[1]

That's it. An dieser Stelle sei betont, dass ich ihren Lebenslauf keinesfalls bemängeln möchte. Doch für das Amt der Kanzlerin gelten besonders hohe Maßstäbe. »Sie wäre die Erste, die ohne jede Regierungserfahrung in das höchste Amt in Deutschland käme«, schreibt Silke Mertins in der *Neuen Zürcher Zeitung am Sonntag* und nennt das zu Recht »ein gewagtes Experiment«.[2]

Nicht nur, dass Annalena Baerbock ihrem Lebenslauf nach in der freien Wirtschaft KEINE nennenswerte Erfahrung gesammelt hat. Auch ihr Amt als Bundestagsabgeordnete hat sie keineswegs nur ihrer eigenen Leistung zu verdanken: »Den Wahlkampf um ein Direktmandat für den Bundestag hat sie – wenig überraschend – zwei Mal verloren.«[3]

Neben der FEHLENDEN Regierungserfahrung und Wirtschaftsexpertise hat Frau Baerbock in den letzten Wochen noch etwas Elementares im Hinblick auf das Amt der Kanzlerin verspielt: ihre Glaubwürdigkeit.

Zuerst »versäumte« sie über Jahre, ihre Nebeneinkünfte dem Bundestag zu melden. Sie erhielt in ihrer Tätigkeit als Parteichefin zwischen 2018 und 2020 insgesamt rund 25 000 Euro von ihrer Partei. Diese meldete sie zunächst nicht, wie vorgeschrieben, der Bundestagsverwaltung. Erst im März holte Frau Baerbock dies nach, wie *Bild* berichtete.[4]

So handelt ausgerechnet die Kanzlerkandidatin der Partei, die immer wieder vehement für absolute Transparenz im Politbetrieb wirbt. Auch die Grünen-Spitzenkandidatin selbst tritt dafür ein: »Am 9. März noch hatte Baerbock rund um den Maskenskandal in CDU und CSU die generelle Haltung einiger Parlamentarier, ›wie man eigentlich mit Transparenz, wie man mit einem Mandat und Nebeneinkünften umgehen muss‹ heftig kritisiert und vor einem Vertrauensverlust in der Demokratie gewarnt.«[5]

In der Sendung von Sandra Maischberger *Maischberger. die Woche* am 26. Mai 2021 erklärte sie ihr Vergehen: »Ich habe mich natürlich selbst über meinen Fehler tierisch geärgert.«[6] Diesen Vorfall so zu verharmlosen, ist einer Kanzlerkandidatin unwürdig. Vor allem frage ich mich: Wie kann man vergessen, Nebeneinkünfte in Höhe von gut 25 000 Euro anzumelden?

Es sollte nicht der einzige Fehler der grünen Kanzlerkandidatin bleiben, der Vertrauen kostet. Wenig später wurde bekannt, dass Frau Baerbock ihren Lebenslauf aufgehübscht hat. Sie hatte angegeben, Mitglied in der Transatlantik-Stiftung German Marshall Fund und dem Flüchtlingshilfswerk UNHCR zu sein. Ein Grünen-Sprecher teilte daraufhin mit, dass sie das Fellowship-Programm des German Marshall Funds 2011 absolviert hat und seit 2013 regelmäßig für die UN-Flüchtlingshilfe spendet. Von einer Mitgliedschaft war in beiden Fällen keine Rede mehr. Auch wurde vermerkt, sie sei mittlerweile aus dem zuvor aufgeführten Europa/Transatlantik-Beirat der Heinrich-Böll-Stiftung ausgeschieden.[7]

Ihren Fehler erklärte sie der deutschen Presseagentur *dpa* wie folgt: »Meinen Lebenslauf habe ich knapp und komprimiert veröffentlicht und dabei unwillentlich einen missverständlichen Eindruck erweckt, den ich nicht erwecken wollte.« Sie gab zu: »Das war Mist.«[8]

Für mich ist es »Mist«, wenn ein Jobbewerber seinen CV frisiert, um seine erste Stelle zu ergattern. Auch ich habe in der Vergangenheit das eine oder andere längst zurückliegende Hobby erwähnt und mein ehrenamtliches Engagement etwas überzeichnet. Der Unterschied: Ich war zu diesem Zeitpunkt eine 23-jährige unbedarfte Universitätsabsolventin und nicht die designierte Kanzlerkandidatin. Und selbst in diesem Moment wäre ich NIEMALS auf die Idee gekommen, mich als Mitglied des Brustkrebs Deutschland e.V. auszugeben, nur weil ich an diese Organisation schon mal etwas gespendet habe.

Wie kann es also sein, dass eine 40-jährige Frau, die für das Kanzleramt kandidiert, NICHT in der Lage ist, einen korrekten, wasserdichten Lebenslauf ins Netz zu stellen? Dass ihr nicht bewusst war, während des Wahlkampfes durchleuchtet zu werden, zeugt nicht nur von Unwissenheit, sondern von Naivität, gepaart mit einer gehörigen Portion DREISTIGKEIT. Sich mit fremden Federn zu schmücken, ist einer Kanzlerkandidatin unwürdig!

Ich finde: Hohe Positionen sollten mit herausragend qualifizierten und glaubwürdigen Persönlichkeiten besetzt werden.

Das beziehe ich nicht nur auf das Kanzleramt. Die Art und Weise, nach der hierzulande Minister bestimmt werden, ist FRAGWÜRDIG. Ein Beispiel gefällig? Gern: Die ehemalige Verteidigungsministerin Ursula von der Leyen hat nie in der Bundeswehr gedient. Auch ihre Nachfolgerin Annegret Kramp-Karrenbauer verfügt über keinen militärischen Hintergrund. Viele Soldaten haben diesen Mangel im Gespräch mit mir moniert.

Erst kürzlich unterhielt ich mich mit einem Gefreiten im ICE auf dem Weg von Düsseldorf nach Berlin. Auf Kramp-Karrenbauer angesprochen, entgegnete er mir: »Bei der Bundeswehr gibt es eine strikte Rangordnung, die eingehalten werden muss. Das ist in Ordnung, vor unserem Hauptmann haben wir ohnehin großen Respekt, aber in diesem Fall müssen wir vor einer Person ohne militärische Erfahrung strammstehen und salutieren. Wie kann es sein, dass die höchste Vorgesetzte aller Soldaten nie selbst gedient hat?«

Ich kann seinen Unmut verstehen und frage mich schon seit Längerem: Wieso werden in der Politik eigentlich keine Jobprofile vorgegeben?

Sollte nicht eine Person mit militärischer Ausbildung das Amt des Verteidigungsministers bekleiden? Ist es mit Blick auf die Soldaten, die unserem Land dienen, nicht ein Hohn, dass dies ohne entsprechende militärische Erfahrung möglich ist?

Nun müssen ja nicht gleich alle Personen in höheren öffentlichen Positionen, vom Bürgermeister über den Landesminister bis hin zum Bundeskanzler, eine Elite-Universität besucht haben. Die politischen Köpfe sollen schließlich unsere Gesellschaft verkörpern. Doch der akademische und berufliche Werdegang des einzelnen Fachpolitikers sollte mit Blick auf einen Ministerposten ENDLICH im Vordergrund stehen.

> Spitzenpositionen sollte man nicht länger »nach Gutdünken oder langjähriger Parteienfreundschaft« besetzen.

Das G7-Land Kanada verfügt beispielsweise über ein Kabinett mit ausgewiesener Expertise. Und Premierminister Justin Trudeau ist es gelungen, »[...] eine bunte Mischung aus Einheimischen, ehemaligen Flüchtlingen und Einwanderern zu formieren. Und nicht nur das: Die Frauenquote im Kabinett liegt bei 50% [...]« Für den selbsterklärten Feministen Trudeau ist dies eine Frage der Ehre. Wobei seine Regierung vor allem durch das hohe Fachwissen seiner Minister überzeugt.

»Sein Transportminister Marc Garneau flog als erster Astronaut in den Weltraum und war von 2001 bis 2005 Chef der kanadischen Weltraumbehörde. Trudeaus Verteidigungsminister Harjit Singh Sajjan hat Kanada als Oberst-leutnant in Bosnien und Afghanistan gedient.«[9]

In Deutschland benötigen wir ebenfalls hervorragend ausgebildete Minister. Das Kanzleramt MUSS jemand bekleiden, der akademisch und beruflich vorbildlich aufgestellt ist. Vor allem wünsche ich mir für unser Land als führende Industrienation und besonders in aktuell herausfordernden wirtschaftlichen Zeiten, dass jemand mit Regierungserfahrung UND Wirtschaftsexpertise Kanzler wird.

In Unternehmen ist es üblich, einen Vorstandsvorsitzenden nach beiden Maßstäben zu ernennen: erfolgreich Mitarbeiter führen können und überzeugende kaufmännische Expertise mitbringen. Diesen Kompetenzmix braucht jede Firma an ihrer Spitze, und auch jedes Land benötigt Toppolitiker mit außerordentlichen Fähigkeiten.

Ulrich Schulte schreibt in *Die grüne Macht – Wie die Ökopartei das Land verändern will,* dass Parteifreunde von Annalena Baerbock ihre Detailverliebtheit kritisieren, dass sie »oft wie ihre eigene, beste Sachbearbeiterin«[10] wirke. »Das hemmt manchmal die Prozesse.« Man dürfe als Chefin nicht bei allen Spiegelstrichen mitreden wollen. Frau Baerbock müsse lernen, mehr zu delegieren, habe eine Freundin über sie gesagt. Für mich ist das ganz klar eine Fähigkeit, die man als Bundeskanzlerin schon nahe der Perfektion beherrschen sollte. Als Chefin der Bundesregierung bleibt keine Zeit, um Detailfragen selbst zu lösen.

Wir brauchen für die politische Führung unseres Landes jemanden mit Erfahrung und keine Kanzlerkandidatin, die wie die Anwärterin der Grünen bereit ist zu lernen. Das ist zu WENIG. Im Fall von Frau Baerbock ist ihre fehlende Regierungserfahrung kein Plus, sondern ein FETTES Minus. Das Gegenargument zu ihren Gunsten lautet oft: »Aber heißt das, Baerbock kann ohne Erfahrung keine gute Kanzlerin werden? Wenn die Corona-Krise eines zeigt, dann das: Regierungserfahrung wird überschätzt.«[11]

Für mich führt dieses Argument ins Leere. Die Corona-Pandemie hat schlicht offenbart, dass maßvolles Handeln mit ruhiger Hand und eine große Portion Wirtschaftsexpertise vor allem in Krisen dringend benötigt werden. Wer weiß, wie die Krise abgelaufen wäre, wenn noch fehlende Regierungserfahrung dazu gekommen wäre? Oder sollen wir unsere Erwartungen an die Person, die das höchste politische Amt unserer Republik ansteuert, noch weiter herunterschrauben und über fehlende Wirtschaftsexpertise und Regierungserfahrung hinwegsehen?

Was für mich jedoch am schwersten wiegt: Annalena Baerbock scheint so machtbesessen zu sein, dass sie selbst mit der Linkspartei eine Koalition eingehen würde. Eine Stimme für die Grünen kann demnach zugleich eine Stimme für die Linke bedeuten.

So erklärte sie im *Bild*-Polit-Talk »Die richtigen Fragen«, auf mögliche Sondierungen mit der Linkspartei angesprochen: »Ich halte nichts davon, dass demokratische Parteien untereinander sagen: Wir reden nicht miteinander. Deswegen sprechen wir mit allen demokratischen Parteien nach der Wahl. Und die Wählerinnen und Wähler entscheiden, wer stärkste Kraft wird. Darum kämpfe ich.«

Nach der Vergangenheit der SED-Nachfolgepartei gefragt, sagte Frau Baerbock, dass diese »[...] ihre Geschichte aufgearbeitet habe und es in Thüringen als Grundlage für die Bildung einer gemeinsamen Regierung akzeptiert habe, dass ›die DDR eine Diktatur war‹«.[12]

Sicher ist es aus strategischer Sicht der Grünen und dem persönlichen machtpolitischen Bestreben von Frau Baerbock nachvollziehbar, eine grün-rot-rote Koalition nicht auszuschließen. Würde sie zur Kanzlerin gewählt, wäre sie die unangefochtene Chefin und könnte mit den zwei Juniorkoalitionspartnern SPD und Linke durchregieren.

Im Verbund mit der extremen Linken könnte sie sich sogar als gemäßigte Politikerin der Mitte aufspielen, die allzu sozialistische und teils kommunistische Auswüchse vonseiten dieser Partei abblocken würde. Diese Rolle wäre vermutlich erheblich angenehmer für sie, als sich mit CDU/CSU und FDP in einer Jamaika-Koalition auseinanderzusetzen.

ARME UMWELT – ALLE BÖSE, AUSSER DIE GRÜNEN

Beim Lesen meines provokanten Buchtitels *Ich bin nicht grün* magst du dich fragen: Wie kann eine 28-Jährige GEGEN Umweltschutz, Fortschritt und Erneuerung sein? Doch selbstverständlich bin ich das NICHT. Denn man muss nicht grün sein, um sich eine effektive Klimapolitik zu wünschen und die voraussichtlichen Probleme des Klimawandels zu fürchten.

Da du dieses Buch liest, sorgst auch du dich vermutlich um den Klimawandel und überlegst vielleicht sogar, bei der kommenden Bundestagswahl dein Kreuzchen bei den Grünen zu setzen. Schließlich ist diese Partei vor allem wegen ihres Umwelt-Images beliebt.

Möglicherweise denkst du: Irgendwie sind die Parteien doch alle gleich (mit Ausnahme der Linken und der AfD), und da kann ich auch die Grünen wählen, die machen ja zumindest etwas für die Umwelt.

Ich weiß natürlich nicht, ob das deine Meinung ist, und meine Spekulationen mögen anmaßend wirken. Aber viele meiner Bekannten denken so – und wir Menschen leben ja bekanntlich stets in unserer eigenen »Bubble«, also in einem Umfeld von Personen, die uns ähnlich sind.

Tatsächlich fällt es mir mitunter schwer, der Klima-Argumentation meiner Bekannten, die grün wählen, etwas Schlagfertiges entgegenzusetzen. Kein Wunder, habe ich doch European Studies, einen Hybridstudiengang aus Politik, Philosophie und Wirtschaft studiert – aber nicht Umweltwissenschaften.

Wenn du hingegen über ein fundiertes Wissen zu Klimawandel und -schutz verfügst, kannst du die nächsten Absätze getrost überspringen. Denn ich habe dieses komplexe und streitbare Thema recherchiert und im Folgenden zusammengefasst, um im Anschluss die Klimastrategien der Parteien in ihren Programmen für die Bundestagswahl zu vergleichen.

> **SPOILER: Die Klimaziele der meisten Parteien gleichen sich sehr, und alle wollen eine nachhaltigere Welt.**

Aber eins nach dem anderen, zunächst einmal steht fest: Die Erde erwärmt sich.[1]

Zweifellos werden Treibhausgase wie CO_2 und Methan diesen Prozess weiter vorantreiben und vermutlich sogar beschleunigen. Es bleibt also nur, uns entweder dem immer wärmer werdenden Klima anzupassen oder den Klimawandel aufzuhalten.

STOPP: Dieses »Entweder-oder« finde ich generell schwierig. Häufig im Leben kann man nämlich das eine tun, ohne das andere zu lassen. Konkret bedeutet das für uns, möglichst viele Emissionen zu vermeiden und uns gleichzeitig auf höhere Temperaturen einzustellen.

Leben mit höheren Temperaturen

Uns in Deutschland an höhere Temperaturen gewöhnen zu müssen, scheint kein gravierendes Problem. Während ich dieses Buch im Frühling 2021 schreibe, erleben wir diese Jahreszeit als die kälteste seit acht Jahren, und nicht nur ich sehne mich nach den wärmeren Regionen im Süden.[2] Auch für die Sommermonate wäre ein Temperaturanstieg in Nordeuropa noch kein Weltuntergang. Wieso sollten wir uns also an der Erderwärmung stören?

Der Grund: Für viele Länder wäre eine um etwa 3 Grad höhere Temperatur gegenüber dem vorindustriellen Niveau unter heutigen Bedingungen verheerend. Ein solcher Anstieg würde überwiegend ärmere Völker treffen, die auf lokale Landwirtschaft angewiesen sind und schon heute mit knappem Trinkwasser zu kämpfen haben.

Wenn sich diese Menschen also nicht an die höheren Temperaturen anpassen können, sind sie irgendwann gezwungen, in kühlere Regionen zu fliehen, zum Beispiel zu uns nach Europa. Dies wäre nur einer von vielen indirekten Effekten des Klimawandels, der uns in Deutschland vor große Herausforderungen stellen würde.

In einer globalisierten Welt ist es problematisch und moralisch nicht vertretbar, sich einzuigeln und die Sorgen der anderen Länder zu ignorieren.

Da in den ärmeren Ländern nicht die Mittel zur Verfügung stehen, um eine moderne Infrastruktur inklusive Wasserversorgung aufzubauen, muss dort – wie es bereits geschieht – die Entwicklungshilfe agieren. Diese Nationen benötigen zudem stabile politische Verhältnisse, um ausländischen Investitionen den Weg zu bereiten. Doch solche Veränderungen brauchen Zeit. Sie können nicht im Alleingang erzwungen werden, sondern sind nur in breit aufgestellten Allianzen möglich.

Viele Länder sind bereits auf dem richtigen Kurs: Sie entwickeln Saatgut für Pflanzen, zum Beispiel Mais[3], die weitaus hitze- und dürrebeständiger sind als die dort bisher angebauten Pflanzen. In der Viehzucht werden neue Impfungen eingeführt, die beispielsweise Rinder gegen Krankheiten schützen, die unter erschwerten Klimabedingungen häufiger vorkommen. Ebenfalls kann man Gräser wie Brachiaria nahrhafter und hitzebeständiger züchten, um Tiere damit zu füttern.

Viele weitere Beispiele demonstrieren, wie sich die Welt auf höhere Temperaturen und insgesamt extremeres Wetter einzustellen vermag. Anstatt für »entweder – oder«, plädiere ich für »sowohl als auch«: die Standortbedingungen anpassen und den Klimawandel aufhalten.

Maßnahmen, um die Erderwärmung zu minimieren

In Deutschland diskutieren wir, wie wir den Klimawandel im größeren Rahmen aufhalten können. Der Grund: Einmal ausgestoßen, verbleibt CO_2 sehr lange, nämlich bis zu mehreren Tausend Jahren, in der Atmosphäre.[4] Deshalb ist es sinnvoll, neben den jährlichen Emissionen auch die gesamte CO_2-Menge in der Atmosphäre im Blick zu halten.

Je nachdem, wie stark man die Erderwärmung begrenzen will und welche Annahmen man trifft, ergibt sich ein noch verfügbares »Budget«, das die Welt insgesamt weiterhin maximal ausstoßen darf, bis sie schließlich CO_2-neutral lebt und wirtschaftet.

Ich gehe vom 2-Grad-Ziel aus und nehme einmal gerundete 1 000 Gigatonnen für das verbleibende globale Budget an. Der weltweite Ausstoß beträgt gerundet 40 Gigatonnen pro Jahr.[5] Das bedeutet: Wir könnten noch 25 Jahre genauso weitermachen wie heute und müssten dann von jetzt auf gleich auf klimaneutral umschalten. Das ist natürlich unmöglich, sodass ein anderer Ansatz erforderlich ist.

Ein mögliches Vorhaben wäre, die Emissionen zu reduzieren und so die Zeit bis zur kompletten Klimaneutralität sehr weit zu strecken, zum Beispiel bis zum Jahr 2100. Wir haben in Deutschland bewiesen, dass wir in der Lage sind, wirtschaftliches Wachstum und steigenden Wohlstand beizubehalten und gleichzeitig unsere CO_2-Emissionen zu senken.

So haben wir seit 1991 unsere jährlichen Emissionen um knapp 40 Prozent gesenkt,[6] und zwar ohne einschneidende Verbote, wie das herkömmliche Auto zu verbannen oder Inlandsflüge zu streichen. Ich würde sagen: läuft. Wenn es so weitergeht, könnten wir in Deutschland mit unserem CO_2-Budget noch ziemlich lange Zeit so weitermachen wie bisher.

Allerdings dürfen wir nicht vergessen, dass Milliarden von Menschen in anderen Ländern nach einem Lebensstandard, wie wir ihn kennen, streben. Ihnen ist das Klima weniger wichtig als ein Dach über dem Kopf, ein Auto und die medizinische Versorgung ihrer Kinder. Durch den steigenden Wohlstand in Entwicklungsländern werden neue Emissionsquellen auftauchen, die wir nicht direkt beeinflussen können.

Zwischenfazit: Das globale CO_2-Budget erscheint aus deutscher Sicht ausgesprochen üppig. Hier machen uns der Rest der Welt und insbesondere die Entwicklungsländer jedoch einen Strich durch die Rechnung, weil sie für ihren sozialen Aufstieg noch viel mehr CO_2 emittieren wollen. Wie das globale Budget verteilt wird und welchem Land fairerweise welcher Anteil am Budget zusteht, ist ein weiteres Thema, das alle Nationen dieser Welt miteinander verhandeln und festschreiben müssen.

Getreu dem Motto, man kann das eine tun, ohne das andere zu lassen, sollten wir hier auch darüber sprechen, ob es nicht Wege gibt, CO_2 aus der Atmosphäre zu entfernen. Anstatt nur darauf zu schielen, wie wir weniger ausstoßen, könnten wir auch freigesetztes CO_2 aus der Atmosphäre zurückholen.

Hier bietet sich die Technologie Direct Air Capture an. Bei diesem Verfahren wird Luft angesaugt und CO_2 der Luft entzogen. Dieses CO_2 kann man dann zur Herstellung von E-Fuels verwenden oder in Lagerstätten unter der Erde unterbringen. E-Fuels sind synthetische Kraftstoffe, die mit Einsatz von Strom aus Wasser und Kohlenstoffdioxid (CO_2) hergestellt werden.

Diese Technologie existiert und funktioniert im kleinen Maßstab. Allerdings ist das Verfahren aktuell, mit 200 Dollar pro Tonne CO_2, noch relativ teuer.[7] Ich sage relativ, weil das Umweltbundesamt den Schaden durch eine Tonne CO_2 auf denselben Betrag schätzt (180 Euro, um genau zu sein). Der aktuelle CO_2-Preis, den die Regierung bei 25 Euro festgelegt hat, wird ab 2025 auf mindestens 55 Euro steigen. Bill Gates geht in seinem Bestseller *Wie wir die Klimakatastrophe verhindern* davon aus, dass wir in wenigen Jahren auf Kosten von unter 100 Euro für Direct Air Capture kommen.

Die absolute Lösung des Problems Global Warming schenkt uns diese Technologie zwar nicht, aber sie könnte andere Maßnahmen effektiv ergänzen. Es geht letztlich darum, mit möglichst geringen negativen Auswirkungen den größtmöglichen Effekt zu erzielen.

Neben Direct Air Capture besteht auch noch der Ansatz des Geoengineerings, mit dem man die Symptome (Erwärmung) behandelt und nicht die Ursache (Treibhausgase) behebt. Deswegen ist dies nur als eine mögliche Notbremse zu sehen und nicht als grundsätzlich erstrebenswerte Strategie. Dennoch schildere ich der Vollständigkeit halber kurz zwei mögliche Formen des Geoengineerings:

Mittels des einen Verfahrens werden Wolken aufgehellt, sodass sie mehr Sonnenlicht reflektieren und die Erde sich weniger aufheizt. Das funktioniert, indem man Salz(wasser) in die Wolken sprüht.[8]

Auch kann man Partikel in die obere Atmosphäre schießen, die dort wie eine Art Sonnenfilter wirken.[9] Dieser Kühlungseffekt ist bei gewaltigen Vulkanausbrüchen zu beobachten. Eine Reihe von Stoffen wird diesbezüglich untersucht, darunter Calciumcarbonat und Aluminiumoxid.

Mir wäre wohler dabei, wenn wir auf Geoengineering verzichten könnten. Dennoch muss man sich über die technischen Möglichkeiten informieren, und zudem ist es essenziell, auch in diesem Feld weiter zu forschen.

Denn am Ende darf es nicht um Ideologie gehen, sondern pragmatisch um das Weltklima. Einfach nur aus Prinzip Opfer zu bringen, also sich in Verzicht zu üben, um sich moralisch überlegen und gut zu fühlen, sehe ich weder für mich persönlich noch für unsere Gesellschaft als sinnvolle Strategie.

Sich auf nur einen Lösungsweg zu stürzen, wäre engstirnig und fatal. Wir brauchen alle drei Maßnahmen:

- Anpassung an den Klimawandel
- CO_2-Ausstoß reduzieren
- Ergänzende Technologien wie zum Beispiel Direct Air Capture oder Geoengineering

Nur so können wir die Klimaschutzmaßnahmen gegenei-
nander abwägen und uns rational für die jeweils sozial ver-
träglichste entscheiden. Denn das Klima ist essenziell, aber
nicht das einzige Thema, das zählt.

Eine aktuelle Umfrage zeigt, dass ich mit dieser Meinung
nicht allein dastehe.

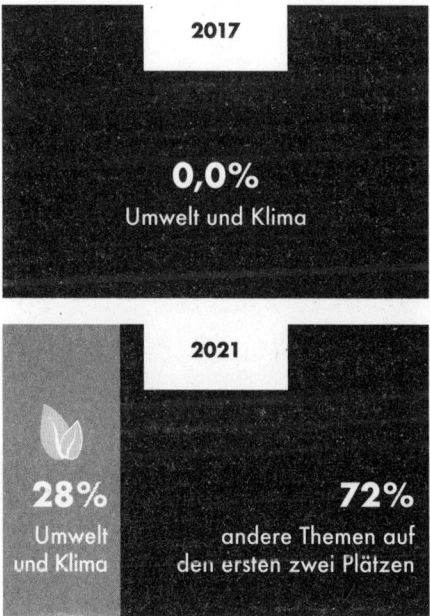

**Antworten auf die Frage, wie viel
Prozent der Deutschen Umwelt- und
Klimaschutz auf den Positionen 1 und 2
ihrer politischen Agenda sehen**

2017

0,0%
Umwelt und Klima

2021

28%
Umwelt
und Klima

72%
andere Themen auf
den ersten zwei Plätzen

*Eigene Darstellung. Quelle: The Pioneer. Basierend auf ARD
DeutschlandTrend, infratest dimap*

Das Pariser Klimaabkommen von 2015 ist die effektivste Grundlage, um unsere Klimaziele zu erreichen. Es krönt sozusagen einen langen Prozess, der 1992 bei einer Klimakonferenz in Rio de Janeiro/Brasilien begann. Das 1997 beschlossene Kyoto-Protokoll war ebenfalls ein wichtiger Schritt auf dem Weg zum Pariser Klimaabkommen. Klima ist global, und deswegen müssen wir die damit verbundenen Probleme auch global lösen. An diesem Punkt setzt das Pariser Abkommen an. Es gibt das Ziel vor, die globale Erwärmung auf deutlich unter 2 Grad Celsius, besser noch 1,5 Grad Celsius gegenüber dem vorindustriellen Zeitalter zu begrenzen. Den Mitgliedstaaten des Abkommens ist es selbst überlassen, mit welchen Maßnahmen sie ihren Beitrag zur Erreichung des Ziels leisten, sie müssen aber regelmäßig über ihre Fortschritte berichten. Im Unterschied zum Kyoto-Protokoll verpflichtet das Pariser Abkommen auch die Schwellen- und Entwicklungsländer, ihre Treibhausgasemissionen zu reduzieren.

Mit Blick auf die USA war es geradezu tragisch, als der ehemalige Präsident Donald Trump mit seinem Land aus diesem Abkommen austrat. Bei all seinen Fehltritten war dies meiner Meinung nach einer der traurigen Höhepunkte seiner Regierungszeit. Glücklicherweise hat sein Nachfolger Joe Biden diesen Fehler wieder rückgängig gemacht.

Hingegen hat die EU ihre Vorreiterrolle von Anfang an ernst genommen und diese 2018 mit noch ambitionierteren Zielen zur CO_2-Reduzierung gestärkt. Nun will sie den CO_2-Ausstoß bis 2030 um 55 Prozent gegenüber 1990 reduzieren. Ursprünglich wurden 40 Prozent angestrebt.[10]

Um es besser einzuordnen: In Deutschland haben wir unsere CO_2-Emissionen gegenüber 1990 mittlerweile um 39 Prozent gesenkt. Somit befinden wir uns im Plan und auf einem guten Weg. Natürlich kommen die nächsten 16 Prozentpunkte bis zu den bis 2030 angestrebten 55 Prozent nicht von alleine, aber die häufig verbreitete Panik und Weltuntergangsstimmung ist mit Blick auf diese Zahlen nicht angebracht.[11]

Wobei der Grund für diese Stimmungsmache nachvollziehbar ist, denn gesellschaftlicher Wandel ist träge. Mit dem kollektiv wirkenden Beschleuniger Angst gedenken einige Gruppierungen, wie zum Beispiel Fridays for Future, die Veränderungen anzukurbeln. Ihre Absicht mag edel sein, aber sie spielt einer übergriffigen Politik in die Karten.

Ich fürchte mich mehr vor der Bevormundung des Staates als vor der Ignoranz unserer Gesellschaft.

Denn für 93 Prozent der EU-Bürger ist der Klimawandel ein »ernstes« Problem. Angesichts dieses herausragenden Konsens bin ich mir sicher, dass die Gesellschaft bereit ist, ihr eigenes Konsumverhalten den Zielen des Klimaschutzes anzupassen. Dies ist bereits geschehen, durch neue Formen der Mobilität wie Carsharing, ein deutlich verantwortungsbewussteres Konsumverhalten, das sich unter anderem in Fairtrade-Kleidung und veganer Kosmetik niederschlägt, sowie eine grundsätzliche Umstellung der Ernährung. So werden Fleisch und Fisch schon seit Längerem bewusster konsumiert.[12]

In diesem Zusammenhang finde ich folgende Statistik interessant:

Klimaschutz ja, aber nur für kleines Geld

Bereitschaft der Deutschen zum persönlichen Beitrag für Umwelt- und Klimaschutz (mtl.), in Prozent

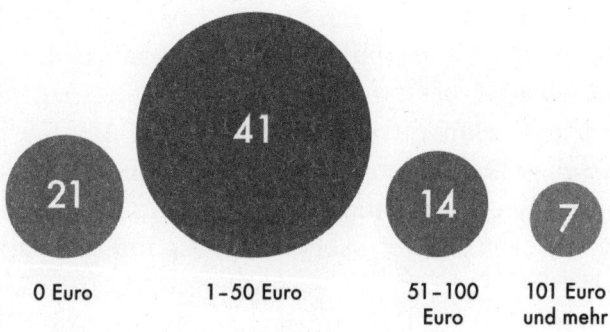

0 Euro 1–50 Euro 51–100 Euro 101 Euro und mehr

Eigene Darstellung. Quelle: The Pioneer: Der Durchbruch in der Klimapolitik[13]

Diese Statistik zeigt uns nämlich zwei wichtige Aspekte auf:

- Nur noch jeder Fünfte sperrt sich gegen Mehrausgaben für den Klimaschutz
- Nur eine kleine Minderheit ist bereit, signifikante Mehrkosten zu tragen

Daraus können wir schließen: Wir Deutschen möchten etwas tun, aber uns auch nicht verausgaben. Diese schwierige Aufgabe können wir nur mit einer rationalen Klimadebatte lösen, die alle Möglichkeiten ausschöpft und möglichst wenig Ideologie beinhaltet.

Mit dieser Aufgabe konfrontiert und der Bundestagswahl vor den Augen ist es interessant, die Umweltpositionen der Parteien zu durchleuchten. Natürlich geht es allen politischen Gruppierungen im Wahlkampf primär darum, Wähler zu gewinnen. Die Realpolitik und die Tücken der Koalitionsverhandlungen sowie des Gesetzgebungsverfahrens blenden die Parteien in vielen Fällen pauschal aus.

Parteiprogramme sind vielmehr der Handel mit Visionen. Hinzu kommt noch der eine oder andere Richtungswechsel, wenn eine Partei bemerkt, dass unerwartet viele Bürger einen Punkt in ihrem Wahlprogramm ablehnen.

Doch wie sehen die allgemeinen Umweltpositionen der Parteien im Mai 2021 aus?

Die aktuelle Bundesregierung, die GroKo

Unsere aktuelle Bundesregierung aus CDU und SPD, die sogenannte GroKo, schafft kurz vor der Wahl noch mal Fakten, indem sie ihr CO_2-Reduzierungsziel bis 2030 von 55 Prozent auf 65 Prozent erhöht.

Dieses Ziel erscheint äußerst ehrgeizig und auch von der Wahl im September motiviert. Ob es im internationalen Vergleich angebracht ist, bleibt abzuwarten. So heißt es sinnvollerweise auch: »Folgerichtig sieht das novellierte Klimaschutzgesetz daher eine Evaluierung im Jahr 2022 nach den europäischen Vorgaben vor. Ziel muss ein gut koordinierter Instrumentenmix auf europäischer und nationaler Ebene sein.«[14]

In jedem Fall ist der GroKo zu attestieren, dass sie die Klimapolitik ausgesprochen ernst nimmt und dabei inzwischen äußerst progressiv vorgeht.

Damit wir in Deutschland als wohlhabende Industrienation nicht unter die Räder kommen und uns unsere Nachbarländer nicht wirtschaftlich den Rang ablaufen, ist es jedoch zwingend erforderlich, dass die 65 Prozent CO_2-Reduzierung KEIN ALLEINGANG werden.

Unser Wirtschaftsministerium weiß selbstverständlich, dass unsere Industrie ein sogenanntes level playing field (auf Deutsch frei übersetzt: gleiche Wettbewerbsbedingungen) erfordert, sprich Gesetze, die unsere Unternehmen gegenüber europäischen Wettbewerbern nicht weiter benachteiligen. Und wenn wir es in Europa schaffen, auf einem level playing field zu spielen, müssen wir auch darauf achten, dass unsere künstlich erzeugten CO_2-Kosten uns nicht gegenüber anderen Kontinenten ins wirtschaftliche Abseits befördern. Das Problem des »Carbon Leakage« (die Verlagerung von CO_2-Emissionen) sollte global gelöst werden.

Mit Carbon Leakage bezeichnet man den folgenden Effekt: Ein Land, zum Beispiel Deutschland, führt besonders strikte CO_2-Auflagen/Preise ein, was die inländische Produktion teurer gestaltet. Wettbewerber in anderen Nationen (etwa China) können nun günstiger Waren herstellen. Sie exportieren ihre Produkte dann nach Deutschland und verkaufen sie dort an Konsumenten, die sich natürlich für Güter mit dem besseren Preis-Leistungs-Verhältnis entscheiden. Ein deutsches Unternehmen ist in diesem Fall nicht mehr wettbewerbsfähig und muss eventuell schließen. Die hiesigen CO_2-Emissionen sinken und steigen im gleichen oder größeren Maß wie in China. Dem Klima ist damit überhaupt nicht geholfen.[15]

Dieses Problem gestaltet sich aufgrund der verknüpften globalen Lieferketten äußerst komplex, dennoch müssen wir es lösen. Keinesfalls sollten wir vor dieser Aufgabe kapitulieren. Und dieser Punkt bringt uns wieder zur internationalen Kooperation und zum Pariser Klimaabkommen. Wer die CDU/CSU wählt, setzt nicht nur auf das Bekenntnis zu diesen Beschlüssen, sondern vertraut dem ambitionierten Klimaschutzgesetz, das die Bundesregierung gerade durch Bundestag und Bundesrat gebracht hat. Die SPD ist an diesem Programm als Junior-Koalitionspartner beteiligt und verfolgt ebenfalls eine äußerst progressive Klimapolitik.

Die Grünen

Die Partei, die gerne das Bild vermittelt, das Thema Klimaschutz gepachtet zu haben, unterstützt natürlich auch das Pariser Klimaabkommen. Bei vielen Aspekten reichen die Forderungen der Grünen deutlich über die Zielwerte der Beschlüsse von Paris hinaus. Durch das zuvor erwähnte Klimaschutzgesetz der aktuellen Regierung ist der Abstand der Grünen zur aktuellen Politik jedoch deutlich geschrumpft.

Die FDP

Die liberale Partei bekennt sich klar zum Pariser Klimaabkommen. Den Weg zur Erfüllung der Vorgaben will die FDP überwiegend mit neuen und verbesserten Technologien in Kombination mit Gesetzen beschreiten. Dabei ist der Ansatz der Technologieoffenheit der FDP sehr wichtig.

Die Linke

Die sozialistische Partei bekennt sich zu den Zielen des Pariser Abkommens. Sie schlägt einen sozialistischen Weg vor, um die vereinbarten Maßgaben zu erreichen, der auf Ordnungsrecht – sprich Verboten – statt auf marktorientierte Mechanismen setzt. Der Staat soll in radikale Klimaschutzmaßnahmen investieren und Konzerne klaren Regeln unterwerfen.

Die AfD

Die AfD lehnt das Pariser Klimaabkommen ab und will aus diesem Programm austreten. Zwar bestreitet diese Partei die globale Erwärmung nicht, verneint aber einen kausalen Zusammenhang mit dem CO_2-Ausstoß der Menschheit. Sie setzt überwiegend darauf, dass Deutschland sich dem Klimawandel anpassen soll, anstatt Anpassung und Eindämmung zu kombinieren.

Selbstverständlich gehören nicht alle existierenden Parteien dem Bundestag an. An dieser Stelle beschränke ich mich jedoch auf die Parteien des aktuellen Bundestags.

To make a long story short

Dem Weltklima ist es egal, wen wir bei der Bundestagswahl wählen. Mit Ausnahme der AfD sind sich alle Parteien einig bezüglich der Ziele des Pariser Klimaabkommens. Sie unterscheiden sich nur darin, inwiefern sie die festgelegten Vorgaben übererfüllen wollen.

Allerdings weisen die Programme der Parteien große Unterschiede in Hinblick auf den Weg zu diesem Ziel auf. Grob gesagt zeigt sich hier ein von links nach rechts reichendes politisches Spektrum, von einem Schwerpunkt auf Verboten bis zu einem Schwerpunkt auf Technologie und Marktwirtschaft. Welcher Kurs hier der erfolgreichste für uns ist, ist sozialpolitisch und volkswirtschaftlich zu erörtern.

Sofern der Klimawandel bei der Wahl ein wesentliches Thema für dich sein sollte, empfiehlt es sich, dass du neben den Klimazielen auch den Weg dorthin, mit all seinen Hindernissen und falschen Ausfahrten, beurteilst.

DAS WIRD MAN JA WOHL NOCH VERBIETEN DÜRFEN!

Bevormundung macht denjenigen Spaß, die sich die Verbote ausdenken. Es ist ganz einfach: Wenn ich mich über etwas ärgere, verbiete ich es kurzerhand allen anderen. So mache ich mir die Welt, wie sie mir am besten gefällt. Noch praktischer ist es, wenn ich über die Konsequenzen für die anderen gar nicht erst nachdenke.

Mit dieser Einstellung machen die Grünen seit jeher auf sich aufmerksam. Zu ihren Evergreens gehören der Veggie-Day und das Tempolimit auf allen Autobahnen. Gefühlt kommen wöchentlich neue Verbotsfantasien hinzu. Die Liste scheint mittlerweile unüberschaubar lang geworden zu sein. Bevor ich auf einige Beispiele eingehe, die mich besonders ärgern, möchte ich mit dir zusammen versuchen, den Verbotsfetisch der Grünen herzuleiten. Für einen freiheitsliebenden Menschen wie mich ist es nämlich völlig unverständlich, wie man überhaupt auf solche Ideen kommt.

Unsere Gesetze umfassen bereits viele Vorgaben, Regeln und Verbote, und nicht alle sind schlecht. Im Gegenteil, einige Bestimmungen machen ein friedliches und sicheres Zusammenleben erst möglich. So ist es etwa verboten, mit 150 Stundenkilometern durch die 30er-Zone an einer Grundschule vorbeizuheizen. Gesetze sollen unser Verhalten so regeln, dass wir möglichst unversehrt durchs Leben kommen. Sie sollen dafür sorgen, dass wir durch unsere freie Entfaltung und Selbstverwirklichung anderen Menschen nicht schaden. Dieser Ansatz sollte für jeden nachvollziehbar sein. Entsprechende Verbote folgen, in Maßen, logisch aus dieser Regelung. Doch Maß hält man nicht mit Masse.

 Wie bei so vielem im Leben gilt auch für Verbote: Irgendwann ist es zu viel des Guten.

Aufbauend auf ihrer moralischen Überheblichkeit schwingen sich die Grünen zu immer neuen Anordnungen auf. Unter dem Deckmantel des Umweltschutzes und der sozialen Gerechtigkeit will diese Partei »Leitplanken« setzen, zwischen denen sich alle Bürger zu bewegen haben.[1] Es scheint, als solle unser freies Land Schritt für Schritt zu einer Verbotsnation mutieren. Mich stört daran, dass dies nicht nur die Verbotsfetischisten, sondern per Gesetz alle Bürger betreffen soll.

Sollte der Idealzustand nicht so sein, dass die Gesetze uns vor Bösem schützen, wobei sie unser Leben jedoch nicht durch Lifestyle-Vorgaben erschweren?

Was ich mit Lifestyle-Vorgaben meine, möchte ich auf den nächsten Seiten anhand von Beispielen aufzeigen. Bitte stell dir dabei vor, welche Auswirkung das auf dich persönlich hätte, heute und auch in zehn Jahren.[2]

Eigenheimverbot

Den Traum vom eigenen Einfamilienhaus im Grünen muss man nicht haben. Ich finde aber, man sollte ihn hegen dürfen. Wie ich auf diese eigentlich überflüssige Aussage komme? Die Grünen liebäugeln damit, den Traum des selbstgebauten Hauses zu verbieten. Sie beschwichtigen inzwischen zwar, dass es kein generelles Verbot des Einfamilienhauses geben soll. Dies geschah aber erst, nachdem der Fraktionsvorsitzende den Testballon losgelassen hatte und extrem viel Gegenwind aus allen Richtungen wehte. Eine abgeschwächte Version des Generalverbots, eine begrenzte Anzahl der Flächen für Einfamilienhäuser, steht aber weiterhin oben auf der Agenda der Grünen, etwa in Hamburg.[3] Das Argument: Wohnraum zu schaffen, sollte ökologisch und sozial gerecht sein.

Man muss schon äußerst ökologisch sein, um sich seinen Lebenstraum verbieten zu lassen. Und übrigens: Wenn die Flächen für Eigenheime reduziert werden, was passiert dann wohl mit den Preisen? Sie werden noch mehr in die Höhe steigen, weil viele Nachfrager auf die wenigen angebotenen Baugrundstücke treffen. Und wer kann sich die Grundstücke dann noch leisten? Jedenfalls nicht die durchschnittliche Familie, die sich einen Lebenstraum erfüllen wollte. So viel zum Thema soziale Gerechtigkeit. Ich bin gespannt, wie sich dieses explosive Thema bis zur Bundestagswahl im September in der öffentlichen Debatte halten wird.

Nehmen wir einmal an, wir haben es doch noch geschafft, ein Grundstück für ein Einfamilienhaus zu ergattern und zu finanzieren. Eins steht fest: Solarzellen kommen auf das Dach. Völlig egal, ob wir gerne große Bäume über unserem Dach oder viele Dachfenster in unserem Traumhaus hätten. Warum belassen wir es nicht bei den Förderungen für die, die Freude an Solarzellen auf dem Dach haben? Oder bei den Extraprämien für sogenannte Null-Energie-Häuser, die der Eigentümer aber so bauen darf, wie er möchte?

Autoverbot

Unser Auto, wie wir es bisher kennen, schenkt uns Freiheit. Wir können selber entscheiden, wann, wie lange und wohin wir fahren. Wenn es nach den Grünen geht, sollen unsere Fahrten in Zukunft wesentlich länger dauern, und wir sollen mit Autos fahren, die wir uns erst noch kaufen müssen. Wenn wir dann endlich angekommen sind, soll es lange dauern, einen Parkplatz zu finden.

Das hört sich widersinnig an? Nicht ganz. Aus der Grünen-Logik heraus ergibt das ausgesprochen viel Sinn. Diese Partei will uns die Freude am Autofahren nehmen.

Es sollen bewusst mehr Staus provoziert werden. Diese werden aufgrund der Umwandlung von bestehenden Straßen und Spuren in Fahrradwege oder Umweltspuren auftreten. Eine solche Verknappung führt mit Absicht zu mehr Staus. Zudem soll das Parkplatzangebot in Innenstädten nicht ausgebaut, sondern abgebaut werden.

Nicht nur bezüglich der Städte soll sich unser Land zurückentwickeln. Der von den Grünen geforderte Baustopp für neue Autobahnen und Bundesstraßen würde sicherstellen, dass unsere Autofahrten über Land unter keinen Umständen mehr kürzer ausfallen würden.

Diese Punkte markieren einen Rückschritt für die Menschen und die Wirtschaft in unserem Land. Über Generationen ist diese Infrastruktur entstanden, und sie sollte mit der Bevölkerung und dem stetig steigenden Wohlstand unseres Landes weiterhin mitwachsen.

Stattdessen sollen wir uns gemäß den Grünen aber selber gängeln. Ich frage mich: wozu? Wenn wir Autos aus den Innenstädten nach und nach verbannen, schaffen wir theoretisch mehr Platz für Fahrräder und Fußgänger. Es ist allerdings sehr zweifelhaft, ob dieser dann auch wirklich effektiv genutzt wird. Denn ohne Autos würden viele Geschäfte ihre Daseinsberechtigung verlieren.

Es gibt zwar Waren, die man durchaus in einer leichten Tüte zu Fuß in Bus und Bahn den halben Tag mit sich herumtragen kann. Andere Produkte sind dafür jedoch zu schwer oder sperrig. Diese bestellen die Verbraucher lieber online, was jedoch dem Einzelhandel und damit der

Atmosphäre in einer Innenstadt schadet. Dem Klima ist damit auch nicht geholfen, denn der CO_2-Fußabdruck einer Online-Bestellung ist dem Kauf im Einzelhandel ähnlich.[4]

Es scheint hier wieder nur um das Prinzip zu gehen und nicht um eine ergebnisorientierte, bürgernahe Politik. Über das moralische Recht dazu verfügen die Grünen, denn es geht schließlich um die Umwelt. Die Logik: Wenn Autofahren so richtig anstrengend und teuer geworden ist, wird es weniger Fahrzeuge auf unseren Straßen geben. Dann wird auch weniger CO_2 ausgestoßen.

Tatsächlich bedingen die durch Umweltspuren verursachten Staus aber mehr CO_2-Emissionen, als dies vorher der Fall war. Das soll diese Politik aber nicht aufhalten. Es geht ja um ein langfristiges Ziel: Wir sollen erzogen werden, auf das Auto zu verzichten. Und wer nicht hören will, der muss halt im Stau stehen. Ob einem Berufspendler dann morgens und abends jeweils die halbe Stunde fehlt, die er bisher mit seinen kleinen Kindern verbringen konnte, spielt bei dieser Maßnahme keine Rolle.

 Die Lebensqualität des Einzelnen hat sich dem Ziel des Klimaschutzes unterzuordnen.

An dieser Stelle sei mir die Frage gestattet, wie viel CO_2 Fahrzeuge eigentlich ausstoßen. Extrem formuliert: Was, wenn wir von heute auf morgen alle Autos abschaffen würden?

Die Antwort: Alle Pkw zusammen auf der ganzen Welt machen 8 Prozent des gesamten CO_2-Ausstoßes aus.[5] Waldbrände inklusive der umfangreichen vorsätzlichen Brandrodung in weiten Teilen Afrikas, Asiens und Südamerikas verursachen das Doppelte von davon, also 16 Prozent.[6]

Ich möchte mit diesem Vergleich nicht sagen, dass wir nicht über CO_2-Reduzierung im Verkehr nachdenken sollten. Ich finde nur, dass wir hier die Verhältnismäßigkeit wahren sollten und uns das Recht auf individuelle Mobilität erhalten bleiben sollte. Verheißungsvolle Technologien bieten umweltfreundlichere Antriebe für jedes Nutzerprofil und jeden Geldbeutel. So gibt es etwa synthetische Kraftstoffe, die man wie Benzin normal tanken kann. Ein solcher Kraftstoff ist derzeit noch viel zu teuer, etwa um den Faktor 3, aber mit weiterer Forschung und Investition kann dies ein bedeutender Teil einer umweltfreundlichen Lösung werden.[7]

Falls du zu den Menschen gehörst, die ein Auto brauchen, nehmen dir die Grünen freundlicherweise die Entscheidung ab, welches Modell du fahren wirst. Denn es soll künftig verboten sein, mit Dieselantrieb oder Benzinern (sogenannten Verbrennern) zu fahren. Es müssen schon Elektroautos sein, ob du willst oder nicht. Egal ob du gerade erst deine Ersparnisse in ein Verbrennerfahrzeug investiert hast oder nicht. Oder ob du eine persönliche Ladesäule zu Hause hast oder nicht. Und ob die Rohstoffe der Batterien unter menschenunwürdigen und umweltschädlichen Bedingungen ans Tageslicht befördert werden oder nicht.

Nun verweisen die Grünen darauf, dass bis 2030 ja noch viel Zeit ist und bis dahin bestimmt jeder Autobesitzer über genügend Lademöglichkeiten verfügen wird. Zudem soll das Laden nicht mehr Stunden, sondern Minuten dauern. Ich will nicht behaupten, dass dies unmöglich ist. Unternehmen und ihre Mitarbeiter haben nach und nach all das erfunden, was wir heute als selbstverständlich ansehen und in unserem Alltag nutzen. Jedes Jahr kommen tolle neue Produkte und Dienstleistungen auf den Markt.

In der Zwischenzeit soll das Tanken jedoch noch viel teurer werden. Wenn wir heute für 60 Euro tanken, gehen davon schon rund 40 Euro an den Staat und nur 20 Euro an die Tankstelle. Die Grünen fordern, Steuern und Abgaben um weitere 16 Cent pro Liter Kraftstoff zu erhöhen.[8] Dazu fällt mir dieser althergebrachte Witz ein: Treffen sich zwei Autofahrer an der Tanksäule. Beschwert sich der eine: »Der Sprit ist schon wieder teurer geworden!« Da zuckt der andere mit den Schultern und sagt: »Ist mir doch egal. Ich tanke eh immer nur für 40 Euro.«

Ich frage mich nur, warum die Politik (hier sind es nicht nur die Grünen, aber sie bilden die Speerspitze) diese Entscheidung nicht ihren Wählern überlässt und jeder, gemäß seines Nutzerprofils, das für ihn passende Auto aussuchen darf. Und wenn er viel auf Langstrecken und im Gelände unterwegs ist und deshalb vielleicht einen modernen Diesel-SUV mit guten Abgaswerten fahren möchte, sollte er es doch auch dürfen.

> **Die Zeiten, als alle Autos klein waren und gleich aussahen, möchten wir doch nicht ernsthaft zurückhaben?**

Spaßverbot

Wo wir gerade beim Autofahren sind, drängt sich natürlich auch das generelle Tempolimit 130 auf allen Autobahnen auf. Du fährst gerne schneller als 130 Stundenkilometer, wenn die Autobahn leer ist und die Sonne scheint? Nicht mehr lange! Dieses Verhalten wollen die Grünen untersagen. Und unsere Städte sollen in riesige Tempo-30-Zonen verwandelt werden. Wozu das alles? Angeblich kommt es dann zu weniger Verkehrstoten. Das Argument steht aber auf dünnem Eis. Einige Studien stützen es, und andere widerlegen es.

Ich könnte mich mit einer intelligenten digitalen Geschwindigkeitsregelung anfreunden, das heißt dynamische Tempolimits statt eines generellen Tempolimits. Eine Geschwindigkeitsvorgabe, die sich der Verkehrsdichte, den Straßen- und Sichtbedingungen »live« anpasst und bei rundum guten Bedingungen komplett aufgehoben wird, fände ich im Jahr 2021 durchaus zeitgemäß.

Ein stumpfes, generelles Tempolimit verdirbt die Freude am Fahren. Unsere Autobahnen sind weltbekannt. Wenn man auf Reisen mit Menschen aus anderen Ländern spricht, hört man immer wieder dieselben Assoziationen mit Deutschland: Autobahn und Oktoberfest. Die Autobahn, zumindest die wenigen Abschnitte ohne Tempolimit, vermitteln ein Gefühl großer Freiheit. Ob und wie exzessiv man sie nutzt, bleibt jedem Autofahrer selbst überlassen. Ich behaupte, dass wir in Deutschland aufgrund unserer

Autobahnen die besten Fahrzeuge bauen. Allein die Vorstellung, auf einer leeren Straße so richtig aufs Gas drücken zu dürfen, befreit doch schon. Die Faszination des schnellen Fahrens hat Generationen von Ingenieuren motiviert, immer bessere und sicherere Autos zu entwickeln.

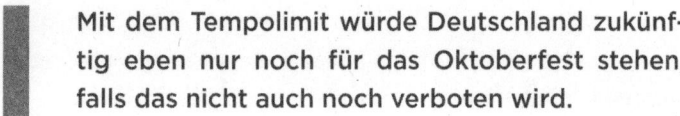

Mit dem Tempolimit würde Deutschland zukünftig eben nur noch für das Oktoberfest stehen, falls das nicht auch noch verboten wird.

Die Grünen haben aber nicht nur das Auto ins Visier genommen, sondern auch das Fliegen. Auch dieser Transportweg soll durch eine Reihe von Verboten erschwert werden. Ein Nachtflugverbot soll her und regionale Flughäfen sollen geschlossen werden. Zudem will diese Partei Inlandsflüge verbieten. Das würde die großen deutschen Airports zwangsweise überlasten. Aber auch hierfür haben die Grünen die passende Verbotsidee parat: Inlandsflüge verbieten. Zudem kursierte in Parteikreisen auch schon die Idee, Flugreisen generell zu rationieren. Ob es drei Hin- und Rückflüge pro Jahr pro Bürger sein werden oder eine andere Vorgabe.[9] Fest steht für die Grünen in jedem Fall, Langstreckenflüge stark zu begrenzen und innerdeutsche Flüge abzuschaffen.[10] Den Flug nach Mallorca darfst du schon noch buchen, aber bitte nicht zu häufig! Da das Fliegen durch die vielen Verbote aber sowieso viel teurer würde, würde es sich ohnehin für viele Menschen erübrigen, häufig per Flugzeug zu reisen.

Wenn es nicht so traurig wäre, könnte man aus diesen Reiseeinschränkungen etwas süffisant folgern: Wir bleiben zu Hause. Wobei auch dort jede Menge neuer Verbotsfallen lauern. Wenn wir zum Beispiel zur Fußball-WM im Garten grillen und dabei ein Spiel unserer Nationalmannschaft schauen möchten, müssen wir zukünftig vielleicht Folgendes beachten:

Das Grillfleisch für deine Freunde soll erheblich teurer werden, weil die Grünen einen Mindestpreis für Fleisch fordern.[11] Du kaufst also entweder weniger Grillwürstchen für deine Freunde oder bezahlst einfach mehr für dasselbe Produkt. Aber die Grünen wären nicht die Grünen, wenn sie dir nicht auch hier mit weiteren Verboten tatkräftig zur Seite stünden: Du sparst dir einfach die Deutschlandfahnen! So kannst du die Mehrausgaben für die Würstchen kompensieren. Ein generelles Fahnenverbot ist zugegebenermaßen kein offizieller Punkt im aktuellen Parteiprogramm, aber wesentliche Gruppen innerhalb der Partei fordern solche oder ähnliche Regelungen fortlaufend.[12] Auch wurde bis zuletzt innerparteilich diskutiert, ob das Cover des eigenen Wahlprogramms überhaupt das Wort Deutschland tragen darf.

Zurück zum Grill: Falls du einen Jäger kennen solltest, der dir selbst erlegtes Wildfleisch organisieren könnte, wäre das natürlich die bestmögliche Biovariante, denn die Tiere haben maximalen Auslauf und ein erfülltes Leben. Zudem schmeckt das Fleisch richtig lecker. Aber du kannst dir schon denken, was jetzt kommt: Dass wir an einer Tradition

Freude haben, die so alt ist wie die Menschheit, und die das nachhaltigste Biofleisch überhaupt erzeugt, ist von jeher mit der Grünen-Ideologie schwer vereinbar.[13]

Da zu viele Verbote nerven, möchte ich es hierbei belassen. Ich bin mir sicher, dass zwischen dem Tag, an dem ich dieses Kapitel geschrieben habe und dem Moment, in dem du diese Zeilen liest, wieder viele grüne Verbotsbürger in ihren Gremien zusammengesessen und sich aufs Neue gedacht haben: Das wird man ja wohl noch verbieten dürfen!

Auf den Stress könnte ich jetzt erst mal eine rauchen. Zum Glück sollen die E-Zigaretten noch nicht völlig verboten werden. Wir sollen aber den Grünen zufolge zumindest eine saftige Strafsteuer auf dieses Produkt zahlen.[14]

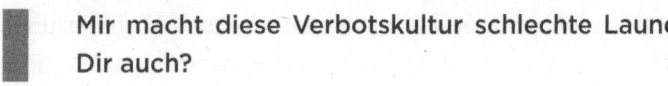

Mir macht diese Verbotskultur schlechte Laune. Dir auch?

MORALPOPULISMUS

Grün zu wählen ist das neue Beichten. Und zur Fridays-for-Future-Demo zu gehen ersetzt den sonntäglichen Gottesdienst. Wenn man sich auf diese Seite schlägt, ist einem die moralische Absolution gewiss. Man ist im Recht, man rettet die Welt. Keiner kann, geschweige denn darf, etwas gegen die Rechtmäßigkeit dieser Haltung sagen.

Während immer mehr Menschen in Deutschland der katholischen und evangelischen Kirche den Rücken kehren und Religion auf dem absteigenden Ast zu sein scheint, bäumt sich mit den Grünen scheinbar eine Ersatzreligion auf. Seit Beginn der Merkel'schen Kanzlerzeit im Jahre 2005 sind etwa 20 Prozent der Protestanten und Katholiken aus den beiden großen christlichen Kirchen in Deutschland ausgetreten.[1] Im selben Zeitraum verzeichneten die Brüder und Schwestern von Bündnis 90/Die Grünen mehr als eine Verdopplung der Mitglieder.[2] Selbstverständlich kann man die Dimensionen nicht vergleichen, das muss erwähnt werden, um nicht polemisch zu klingen, aber die Tendenz ist erwähnenswert: Ohne Glauben geht es folglich wohl doch nicht in Deutschland.

Doch Moment: Vermutlich fragst du dich jetzt, was die grüne Partei mit der Kirche zu tun hat. Auf den nächsten

Seiten möchte ich dir näherbringen, wo ich bei Fridays for Future, der Grünen Jugend, weiteren ökosozialistischen Gruppierungen und zuletzt auch bei Bündnis 90/Die Grünen religiöse Züge erkenne.

 Nicht mehr die Fakten zählen, sondern der Glaube.

In der Kirche steht per Definition immer schon der Glaube an erster Stelle, und erst danach kommen die Fakten. Das wird seit Jahrtausenden offenbar akzeptiert und stört die GLAUBENSgemeinschaft nicht weiter. Die Kirche ist seit Langem kein Ort der Aufklärung mehr, und deswegen ist an dieser Einseitigkeit auch nichts Verwerfliches.

Bei den grünen Gutmenschen und selbsternannten Weltverbesserern sieht es etwas anders aus. Sie können sich nicht offiziell den Fakten verweigern, weil sie sich auf einem Spielfeld mit Menschen befinden, die sich stark für Fakten interessieren. Ein rationaler Bürger möchte Gründe erfahren, wenn es um neue Verbote und Verhaltensregeln geht.

Möchte man das Kosten-Nutzen-Verhältnis eines der zahlreichen grünen Verbote hinterfragen, folgen häufig nur absolutistische und vorwurfsvolle Kommentare wie:

»Willst du, dass die Eisbären sterben?«
»Willst du etwa nicht unsere Umwelt retten?«
»Bist du einer dieser Klimaleugner?«

Die Moral verbietet, bei diesen Punkten dagegen zu halten. Doch genau diese Moral nutzt die grüne Community perfide aus. Sie argumentiert bei allen Belangen mit Moral, und wie diese auszusehen hat, dürfen natürlich – wie auch sonst – nur Grüne bestimmen. Denn nur sie allein haben den göttlichen Auftrag, die Welt zu retten.

Doch worin besteht diese Moral? Laut Definition ist die Moral die Gesamtheit von ethisch-sittlichen Normen, Grundsätzen, Werten, die das zwischenmenschliche Verhalten einer Gesellschaft regulieren und die von ihr als verbindlich akzeptiert werden.[3] Per se ist Moral also nichts Schlechtes. Jede Gesellschaft braucht für ein friedliches Miteinander bestimmte Werte, um ein Zusammenleben zu ermöglichen. Gefestigte ethisch-sittliche Normen helfen der Freiheit.

Denn je stärker die Moral einer Gesellschaft ist, desto weniger Gesetze benötigt sie. Desto mehr treffen die Bürger für das Gemeinwohl unschädliche Entscheidungen, und desto weniger Straftaten sind zu verfolgen. Doch wie mit allem, kann man es auch mit der Moral übertreiben. Wenn die Moralkeule so häufig geschwungen wird, dass man sich nicht mehr traut, seine Meinung zu sagen oder gar Fakten aufzuzeigen, muss Schluss sein.

Böse Zungen würden behaupten, dass absolute Moral nichts anderes als Denkfaulheit ist. Hast du keine Argumente oder keine Lust, weitere zu suchen, erkläre jede Debatte einfach für beendet, bevor sie beginnt. Das Gegengift heißt hier: beharrliche Vernunft.

Der Schweizer Journalist und Literaturkritiker Roman Bucheli schrieb in der *Neuen Zürcher Zeitung* über das Fatale der Moral in der politischen Debatte: »Wo theatralisch mit der Moral hantiert wird, pausiert der Verstand. Unter dem Vorwand, ein Gespräch eröffnen zu wollen, wird es in Wahrheit abgewürgt, weil die Moral das Totschlagargument schlechthin ist. Es lässt sich darauf nicht mehr angemessen antworten. Am effizientesten ist sie da, wo sie sich mit dem politischen Kitsch verbündet.

Er fährt fort: »Es gehört mittlerweile zu den betrüblichen Erfahrungen der Gegenwart, dass in vielen gesellschafts-politischen Konfliktzonen längst die moralische Stichwaffe über die faktenbasierte Auseinandersetzung obsiegt hat.«

Den Grund dafür präsentiert Bucheli sogleich: »Von der Klimadebatte bis zur Geldpolitik verschafft sich der Appell ans gute wie vor allem ans schlechte Gewissen leichter Gehör als die trockene Darlegung komplexer Sachverhalte. Angesichts der Unübersichtlichkeit der größeren Zusammenhänge kann man das verstehen. Einfache Antworten und Lösungen haben den Vorzug der Verständlichkeit und können mit der Sugge-stivkraft einer zupackenden Handgreiflichkeit auftrumpfen.«[4]

So erklärte CDU-Generalsekretär Paul Ziemiak die grün eingefärbte moralische Bevormundung in einem Gespräch mit der *Neuen Zürcher Zeitung* zu Beginn des Bundestags-wahlkampfes 2021: »Man kann den Grünen nicht ernsthaft die Führung dieses Landes anvertrauen. Wenn die Grünen von einem starken Staat reden, meinen sie im Gegensatz zu uns keinen Staat, der als Dienstleister für die Menschen da ist, sondern sie wollen bevormunden und dafür sorgen, dass die Menschen so leben, wie die grüne Partei es gerne möchte. Die Grünen reden gern von Leitplanken. In Wahrheit sind das aber Bremsklötze und Straßensperren für die Menschen und das Land.«[5]

Ich stimme Herrn Ziemiak in dieser Aussage vollkommen zu. Insbesondere freut mich die Formulierung »ein Staat, der als Dienstleister für die Menschen da ist«. Dafür plädiere ich in jeder Diskussion.

Im November 2019 twitterte die CSU: »Nach dem Grünen-Parteitag ist mal wieder mehr als deutlich: Die Partei ›Die Grünen‹ macht den Menschen Gebote, wie sie zu leben haben. Was ihr mittlerweile alles nicht mehr dürft, steht in den 10 grünen Geboten.«[6] Ich finde diese Spitze der CSU gegen die Grünen zwar ziemlich scharf, aber äußerst anschaulich, und möchte sie daher mit dir teilen:

1. Du sollst kein Fleisch essen!
2. Du sollst keinen Benziner und Diesel besitzen!
3. Du sollst nur 130 auf der Autobahn fahren!
4. Du sollst nicht in den Urlaub fliegen!
5. Du sollst kein Eigenheim bauen!
6. Du sollst nicht mit Öl und Gas heizen!
7. Du sollst als Vermieter nicht verdienen!
8. Du sollst gendergerecht sprechen!
9. Du sollst mehr Steuern zahlen!
10. Und ganz wichtig: Du sollst Moral vorgeben und Doppelmoral leben!

Gerade das letzte vermeintliche Gebot hat es in sich. Moral gilt für alle, sollte man meinen. Doch am schönsten ist es mit der Moral, wenn man sie doppelt vertritt. Das haben die Grünen schon lange begriffen. Denn so, wie sich manch ein gläubiger Mensch jenseits von Gottesdienst und Beichte schwer mit dem Leben nach christlichen Werten tut, so ist es auch bei dem einen oder anderen Grünen.

Wer am Wahltag grün wählt und freitags brav bei Fridays for Future mitläuft, der lebt noch lange nicht die grünen Werte im Alltag, wenn es wirklich darauf ankommt und an die Komforteinbußen geht. Vielmehr hat man sein Gewissen mit Wahl und Demo beruhigt und seine Schuldigkeit in puncto moralische Pflicht getan.

Sich selbst den eigenen Regeln und moralischen Vorgaben unterwerfen? Nee, denken sich die Grünen. Diese Menschen leben offenbar nach dem Motto: »Alle sind gleich, doch die Grünen sind gleicher.«

Beispiele für grüne Doppelmoral

Die Grünen lieben Lastenfahrräder, zumindest propagieren sie das. Bei manch einem Grünen habe ich gar das Gefühl, er würde gerne jegliche Transporte mit diesen irrwitzig anmutenden und an Stillosigkeit kaum zu unterbieten den Vehikeln verpflichtend ausführen lassen. Doch zugleich sehe ich immer wieder bei Wahlkämpfen der Grünen in deutschen Innenstädten, dass ihre Mitglieder und Wahlkampfhelfer – wie bei den anderen Parteien auch – mit SUVs und Pick-ups ihre Wahlkampfstände an die zentralen Plätze manövrieren. Der Zweck scheint hier die Mittel zu heiligen. Dabei wollen die Grünen doch eigentlich Autos aus den Innenstädten verbannen und SUVs am liebsten ganz verbieten?

Mit den Grünen und den SUVs ist das ohnehin so eine Sache. Wie die *FAZ* im Mai 2021 berichtete[7], haben die Marktforscher der Beratungsfirma Puls untersucht, welche Verbindung zwischen politischen Vorlieben und präferierten Automarken besteht. Dazu befragte sie 1042 Personen, die in den kommenden sechs Monaten ein Auto anschaffen wollten oder in den vergangenen zwölf Monaten erworben hatten.

Überraschend: Grünen-Wähler entschieden sich am häufigsten für das Feindbild aller Klimaschützer: den Geländewagen.

Laut der Puls-Studie hat jeder sechste Grünen-Sympathisant, der im vorigen Jahr ein Auto angeschafft hat, einen Geländewagen vor der Haustür stehen. SPD- und AfD-Wähler folgen dahinter, noch vor den Unionsanhängern. Ehrliche Klassenkämpfer und Kapitalismusfeinde sind sie wenigstens noch, die Linken – SUV-Fahrer finden sich unter ihrer Wählerschaft am seltensten.

Weniger überraschen dürften diese Erkenntnisse das Umweltbundesamt. In einer entsprechenden Studie[8] heißt es, dass Bekenntnisse zum Klimaschutz und ökologischer Fußabdruck sich häufig widersprächen: »Hohe Ressourcenverbräuche und Treibhausgasemissionen finden sich gerade in den sozialen Milieus, die sich verbal zu ihrer gesellschaftlichen Verantwortung bekennen.«

Das Klischee vom besserverdienenden Grünen-Wähler, der im SUV zum Ökomarkt fährt, scheint hiermit also bestätigt.

Auch bei der Mülltrennung ist mir die grüne Doppelmoral schon aufgefallen: Während viele Bekannte, die grün wählen, in gut situierten Berliner Ökovierteln bis heute nur eine Mülltonne nutzen, trennen selbst konservative Rentner in der abgelegensten bayerischen Provinz schon seit vielen Jahrzehnten fein säuberlich ihren Abfall.

Dass die grünen Hipster hier ausgerechnet vom traditionellen Klassenfeind tatsächlich gelebten Umweltschutz lernen können, mutet fast wie Realsatire an.

Scheuten die Grünen übrigens Großspenden früher wie der Teufel das Weihwasser und setzten sich für eine Deckelung bei 100 000 Euro ein,[9] interessiert sich heute kaum noch ein Parteimitglied für sein Geschwätz von gestern. Kürzlich kam bei der Ökopartei eine Millionenspende an, die der Greifswalder IT-Berater Moritz Schmidt aus Bitcoin-Gewinnen erzielt hatte. Es handelt sich um die höchste Parteispende in der Geschichte der Grünen. Laut der Plattform abgeordnetenwatch.de ist es sogar die höchste Einzelspende für eine Partei in Deutschland seit 2005.[10] Angeblicher Grund des Großspenders für seine Großzügigkeit: schlechtes Gewissen wegen hohem Energieverbrauch.[11]

Kaum vorzustellen: 2021 sammelten die Grünen mit 1,672 Millionen Euro bis Mitte Juni die meisten Großspenden aller Parteien in Deutschland.[12]

Hartmut Bäumer, Vorsitzender von Transparency International Deutschland, selbst Grünen-Mitglied und lange für die Partei aktiv, äußerte: »Keine Partei sollte durch solche Großspenden einen Vorteil erhalten.«[13]

Doch man muss auch einmal ehrlich sagen: Grüne sind nicht gleich Grüne. Wie in jeder politischen Partei gibt es Strömungen. Während die oppositionellen Grünen zumeist fundamentalistische Moralapostel und Traumschlossbauer sind, werden die Grünen in der Regierungsverantwortung überraschend häufig zu skrupellosen Realpolitikern, die ihre eigenen Werte verraten. Dass es bei dieser Fraktion die zwei Lager aus Fundis und Realos gibt, ist nicht neu.

War zu den Anfangsjahren der Grünen der Fundi-Flügel der stärkere, gewannen die Realos die Oberhand, als die Grünen als Juniorpartner unter dem sozialdemokratischen Bundeskanzler Gerhard Schröder zum ersten Mal bundespolitische Verantwortung tragen durften.

Zwei sich widersprechende Meinungen herrschen bei den Grünen in vielen Punkten nach wie vor, doch heutzutage schafft es die Partei, beide selbstbewusst nach außen zu vertreten. Jüngstes Beispiel: der Ausbau der A49 in Hessen. Dieser war und ist umstritten, weil dadurch ein Teil des Dannenröder Forsts weichen musste.

Um den Wald vor der Abholzung zu bewahren, forderte die Grünen-Vorsitzende Annalena Baerbock im Herbst

2020, die Bundesregierung solle den Bau der Autobahn »jetzt stoppen, damit die wertvollen Bäume stehen bleiben können«.[14] Die A 49 sei »verkehrspolitisch, umweltpolitisch und klimapolitisch falsch«. Die heutige Kanzlerkandidatin verschwieg da jedoch, dass 2014 ihre schon in der zweiten Legislaturperiode mit der CDU harmonisch regierenden hessischen Parteifreunde zur Sicherstellung des Autobahnbaus einen Dringlichkeitsantrag eingebracht hatten. »Der Landtag ist sich der regionalen und überregionalen Bedeutung der A 49 bewusst und hält an einem Weiterbau unter der Voraussetzung, dass die finanziellen Möglichkeiten gegeben sind, fest.«[15] Beschlossen wurde dieser Antrag NICHT nur von der CDU, sondern auch mit Stimmen der Grünen.

Auch im aktuellen Koalitionsvertrag der hessischen Landesregierung aus CDU und Grünen steht: »Die Maßnahmen A 44 und A 49 sowie Riederwaldtunnel (A 66/A 661) werden fertiggestellt.«[16] Ein klares Bekenntnis der Grünen zum Autobahnausbau. Ihre Doppelmoral scheint da sogar der sonst der Ökopartei so nahestehenden Protestjugend von Fridays for Future zu viel gewesen zu sein. So twitterte die Klimaretterjugend vergangenes Jahr süffisant: »Dass die CDU Hessen von Ferrero gekauft ist, ist ja schon seit über 10 Jahren bekannt. Aber wie viel bekommen eigentlich die Grünen aus Hessen?«[17]

Reale, funktionsfähige Infrastruktur besteht aus echten Straßen und Brücken aus Zement und Stahl, und zum Ärgernis der Grünen nicht nur aus unschuldigen Trampelpfaden und romantischen Lianen, mit denen man sich von Baum zu Baum schwingen kann.

Und das Projekt rund um die A 49 und den Dannenröder Forst hat noch mehr an grünem Irrsinn zu bieten. Was mich bei den grünen Umweltschutzaktivisten fassungslos macht: Ausgerechnet die Menschen, die sich doch angeblich durch ihr Engagement so für die Umwelt einsetzen und den Ausbau der Autobahn 49 verhindern wollen, entsorgten im Wald, in der Natur, ihren Müll und Unrat.[18] Auf Twitter verbreitete die hessische Polizei entsprechende Fotos aus dem Wald.[19] Auch befreundete Journalisten, die mehrfach vor Ort waren, berichteten mir von Zuständen, die mehr an eine Müllhalde als ein Stück unberührte Natur erinnerten. Selbst als die letzten Aktivisten aus ihren Baumhäusern auszogen, hinterließen sie Autoreifen und Nylonseile, die als Barrikaden dienten, sowie Lebensmittelverpackungen und Baumaterialien ihrer Baumhäuser einfach im Wald. Welch hohe Kosten im Millionenbereich[20] für Polizeieinsätze und Aufräumarbeiten die Aktivisten durch ihren aggressiven Barrikadenbau und ihre Umweltverschmutzung verursacht haben, lässt mich nur mit dem Kopf schütteln. Wie gewinnbringend man das Geld doch in den Umweltschutz hätte investieren können. Stattdessen haben einige Chaoten Steuergelder derart verbrannt.

 Für die Umwelt protestieren und sie gleichzeitig verschmutzen: Das ist einfach nur absurd!

Auch die Themen Rassismus und Zuwanderung sind scheinbar eine Paradedisziplin des ökosozialistischen Lagers. Während die Bundes-Grünen lautstark eine Studie über Rassismus innerhalb der Polizei forderten, lehnte Baden-Württembergs grüner Ministerpräsident Winfried Kretschmann diese ab – und stellte sich damit hinter seinen CDU-Innenminister Thomas Strobl.[21] Der habe schon genug getan, um den Extremismus bei der Polizei zu untersuchen. Das grüne Baden-Württemberg ist auch das Bundesland, das nach Nordrhein-Westfalen und Bayern (beide von der Union regiert) im vergangenen Jahr die meisten Menschen abgeschoben hat. Eine Initiative der Baden-Württemberger SPD wollte die Abschiebung von in Vollzeitarbeit gut integrierten Geflüchteten erschweren.

Doch ausgerechnet die Grünen stimmten dagegen – genauso wie AfD und CDU.[22]

In ihrer Begründung schoben die Ökoparlamentarier aus dem Südwesten dem Bund den schwarzen Peter in die Schuhe: »Dass wir Anfang des Jahres über eine Ermessensausübung des Landes diskutieren mussten, ist nur deshalb notwendig geworden, weil die Große Koalition im Bund aus SPD und CDU es versäumte, eine Bleiberechtsregelung zu schaffen, die den Menschen und den Unternehmen hilft. Die von der GroKo eingeführte Beschäftigungsduldung ist derart restriktiv, dass kaum jemand deren Bedingungen erfüllt.«[23]

Das Motto »Wir würden ja gern, aber ihr lasst uns nicht« LIEBEN die Grünen geradezu. In der Opposition fordern sie Dinge, die sie in Regierungsverantwortung selbst nicht umsetzen. Schuld sind am Ende wie im Kindergarten immer nur die anderen.

Es ist mir bewusst, dass auf dem Weg vom Wahlversprechen über reale Koalitionspolitik hin zur Gesetzgebung viele gute Absichten auf der Strecke bleiben. Alle Parteien, die jemals regiert haben, müssen sich dieser Kritik stellen.

Die Grünen verdienen aber das stärkste und somit größte Vergrößerungsglas von allen, da sie die beliebteste Partei bei Moralaposteln und Weltverbesserern sind.

Daher hier ein paar weitere Beispiele, bei denen sich jemand den moralischen Zeigefinger verbrannt hat:

Im Januar 2019 braute sich über Katharina Schulze als Vorsitzende der bayerischen Grünen ein Shitstorm zusammen, dabei wollte sie doch nur ein leckeres Eis essen gehen. Ihr Vergehen: Sie postete ein kalifornisches Urlaubsfoto von einem Eisbecher mit Plastiklöffel (beides Einweg) in ihrer Hand bei Instagram.[24] Auf ihrer Flugstrecke München – Los Angeles – München, rund 19 250 Kilometer, entstehen knapp sieben Millionen Gramm Kohlendioxid.[25] Nur ein halbes Jahr vor dem Foto hatten die Grünen ihren Aktionsplan gegen Plastikmüll veröffentlicht. Darin heißt es: »Es ist aber irrsinnig, dass extrem langlebige und haltbare Kunststoffprodukte teilweise nur für wenige Tage oder gar Minuten im Einsatz sind.«[26] Einwegplastikbecher und -löffel gehören etwa nicht dazu? Dass auch die Bundes-Grünen ihrer bayerischen Parteifreundin in nichts nachstehen, bewies sich im darauffolgenden Sommer.

Zur Halbzeit der laufenden Legislaturperiode fand *Bild* im August 2019 heraus, dass ausgerechnet Abgeordnete der Grünen die Vielflieger unter den Parlamentariern waren. So unternahmen die Abgeordneten der Ökopartei pro Kopf 1,9 Flugreisen zwischen Herbst 2017 und Ende 2018. Der Durchschnitt aller Fraktionen lag bei 1,2 Einzelflügen pro Person.[27]

Und Anton Hofreiter? Ihm war jahrelang entgangen, dass man in Berlin Zweitwohnungssteuer zahlen muss. Erst als *Bild* ihn damit konfrontierte, meldete er sich beim Amt und beglich die angelaufenen Steuern in Höhe von 2475 Euro.[28] Dabei hatten doch die Grünen im Bundestagswahlkampf 2013 ein härteres Vorgehen gegen Steuerhinterzieher gefordert.[29] Das Problem der Steuerhinterziehung sei gigantisch. Übrigens: Nachdem Hofreiter aufflog, gaben auch andere grüne Bundestagsabgeordnete an, keine Zweitwohnungssteuer entrichtet zu haben.

Der Grüne und ehemalige baden-württembergische Umweltminister Franz Untersteller fährt gerne schnell, durchaus auch mal rasanter, als erlaubt ist. So ließ sich der 64-Jährige vergangenes Jahr im November mit 177 Stundenkilometern blitzen – erlaubt waren 120 Stundenkilometer. Das kann mal passieren, könnte man meinen, und Nachsicht walten lassen. Politiker sind auch nur Menschen – blöd nur, wenn man selbst gerne die Moralkeule schwingt, und noch blöder, wenn man sich für ein Tempolimit von 130 Stundenkilometern auf deutschen Autobahnen stark macht und es dann so schamlos missachtet. Kurios liest sich die Rechtfertigung Unterstellers für sein Fehlverhalten: »Ich hatte es eilig.«[30]

Jüngst kam dann noch die vergessliche Annalena hinzu: In den Jahren 2018, 2019 und 2020 bezog die Grünen-Vorsitzende und Kanzlerkandidatin Annalena Baerbock von ihrer Partei Prämien in einer Gesamthöhe von mehr als 25 000 Euro.[31] Das Fatale war: Sie meldete diese Bezüge nicht direkt beim Bundestag, dabei fordern die Grünen doch sonst immer so vehement Transparenz. In ihren Transparenzleitlinien schreiben sie auf ihrer Website: »Die Art der Nebenbeschäftigung und der Umfang der zusätzlichen Einkünfte müssen gegenüber dem Bundestagspräsidenten offengelegt werden.«[32] Soweit die Verpflichtung für alle Abgeordneten des Deutschen Bundestages. Die Grünen weiter: »Wir würden hier gerne noch weiter gehen. Für uns ist die Veröffentlichung der Nebeneinkünfte ab dem ersten Cent ein wichtiger Schritt zu mehr Transparenz. Dies fordern wir schon seit Jahren.«[33]

Dumm gelaufen: Annalena Baerbock meldete ihre Nebeneinkünfte nicht nur zu spät, sie ließ anfangs auch die genaue Höhe offen. Schließlich rang sie sich doch noch zu einer genauen Veröffentlichung der Zahlen durch – und zog sich das Büßerhemd an. Sie habe sich über ihren Fehler »tierisch geärgert«.[34] Die Wahrheit: Bei den Grünen gehört der große (gespielte), demütige Auftritt voller Entschuldigungen und Reuebekenntnis nach dem Fehlverhalten zum Ritual wie die Beichte zur katholischen Kirche. Danach sind alle Sünden vergessen, die Seele reingewaschen.

Ich finde, die Grünen sollten sich statt an einem Predi-
ger mit erhobenem Zeigefinger besser ein Beispiel an Kon-
fuzius nehmen. Der chinesische Philosoph wusste bereits
vor mehr als 2500 Jahren besser als die Grünen heute, was
wirklich sinnvoll ist: »Fordere viel von dir selbst und erwarte
wenig von anderen. So wird dir viel Ärger erspart bleiben.«[35]

Das Rezept der Gutmenschen ist die moralische Argumentation und das Vereinfachen komplexer Sachverhalte.
Sie versuchen glaubhaft Werte zu vertreten, die gerade
gesellschaftlich en vogue sind, fühlen sich moralisch überlegen, vermeiden aber tunlichst, in die Falle des Konkreten
zu tappen. Beim Moralpopulismus bleibt die halbe Wahrheit auf der Strecke, störende Konsequenzen der eingefor-
derten Handlungen werden bewusst nicht thematisiert,
man appelliert vor allem an das natürliche Moralempfinden
der Wähler.

Denn das Konkrete wirkt auf Widersprüche wie eine
Lupe, darunter sind sie auch bei oberflächlichem Blick
schnell erkennbar – und kosten im Zweifel wertvolle
Wählerstimmen.

Ach ja, fast hätte ich es vergessen: Regeln und Werte gelten natürlich nur für die anderen. Alle sind gleich, doch die
Grünen sind gleicher.

FREIHEIT IST VERANTWORTUNG

Bevormundung ist einfach. Freiheit ist schwer. Und wenn die individuelle Freiheit einem starken Staat weichen soll, dann ist der Geist der Freiheit in Gefahr.

Ein einschneidendes Erlebnis in Bezug auf die Freiheit ist für mich die Corona-Pandemie.

Covid-19 wirkte wie ein Brandbeschleuniger und offenbarte die tiefe Staatsgläubigkeit der Deutschen. Ihren Glauben daran, dass der Bürger eine Aufsicht, einen Vormund brauche.

Was mich bis heute entsetzt, ist die daraus resultierende fehlende Liebe der Deutschen für ihre individuelle Freiheit. Ein Großteil der Bevölkerung scheint auf Follower gepolt zu sein.

»Es ist so bequem, unmündig zu sein. Habe ich ein Buch, das für mich Verstand hat, einen Seelsorger, der für mich Gewissen hat, einen Arzt, der für mich die Diät beurteilt usw., so brauche ich mich ja selbst nicht zu bemühen.«[1]

Das schrieb Immanuel Kant in seiner Antwort auf die Frage »Was ist Aufklärung« im Jahr 1784. 237 Jahre später erinnern mich die Worte Kants an die ausgeprägte Akzeptanz der Bürger mit Blick auf die hinter uns liegenden Corona-Maßnahmen.

Während der zurückliegenden Monate musste ich oft an die Worte von Joseph Stiglitz in seinem Buch *Die Schatten der Globalisierung* denken: »Das Wesen der Freiheit ist das Recht, selbstständig zu entscheiden – und die Verantwortung zu übernehmen, die mit der Entscheidung einhergeht.«[2]

Ich möchte an dieser Stelle betonen, dass die Corona-Pandemie eine Ausnahmesituation war und die Regierung Regelungen beschließen musste. Ganz klar. Doch gingen diese meinem Empfinden nach DEUTLICH zu weit. Nicht nur unsere eingeschränkten Grundrechte schockierten mich. Vor allem entsetzte mich die Zustimmung der Bürger.

Schockierend: Im April 2020 waren 90 Prozent der Bürger mit den von der Politik beschnittenen Grundrechten einverstanden. NEUNZIG PROZENT. *Focus*-Kolumnist Jan Fleischhauer kommentierte zu Recht gewohnt provokant: »Wann hatten wir in Deutschland zuletzt Zustimmungswerte von 90 Prozent? Das haben nicht einmal Bismarck oder der Führer geschafft, soweit ich das sehe, geschweige denn eine demokratisch gewählte Regierung.«[3]

Fleischhauer »erschrecke« die amtierende, breitflächige Akzeptanz: »Neunzig Prozent sind also dafür, dass man in Bayern zwischenzeitlich kein Buch in der Öffentlichkeit lesen durfte, ohne dass man in Konflikt mit der Regierungsmacht geriet? Dass jeder, der in Brandenburg in einem

Kanu auf einen See hinaus paddelt, angehalten und zurück ans Ufer eskortiert wird? Dass man in Hamburg nur noch zu sechst um ein Grab stehen darf, weil das die gesetzliche Größe der Trauergemeinde ist?«

Fleischhauer berichtet von einem Gefühl der Beklemmung: »Mir wird unheimlich, wenn sich zu viele Leute einig sind. Ich würde nicht so weit gehen, aus Prinzip das Gegenteil zu vertreten. Es wäre kindisch, nur aus Trotz eine abweichende Position einzunehmen. Aber ich finde, man sollte sich zumindest auf die Möglichkeit einstellen, dass man Dinge auch ganz anders sehen kann. Das erweitert den Horizont. Manchmal verhindert es sogar Fehlentscheidungen.«

Ich verstehe seine Haltung. Auch mir macht die Einigkeit zu vieler Menschen Angst, ich halte es da mit dem Prinzip des Schriftstellers Thomas Mann: »Ich lehne mich instinktiv nach links, wenn der Kahn rechts zu kentern droht – und umgekehrt.«[4]

Denn eine funktionierende Demokratie braucht produktiven Streit. Doch diesen produktiven, leidenschaftlichen Streit sah man im Frühjahr 2020 nur selten. Die Bürger zogen voll mit der Regierung mit, Instagram, Facebook und Twitter wurden in dieser Zeit von hübsch gefilterten #wirbleibenzuhause-Bildchen geflutet. Jedes Einzelne dieser Postings war ein Hohn für die Menschen, die unter den Maßnahmen von Beginn an entsetzlich litten: die Kinder in sozial schwachen Familien, die Bürger, die in winzigen Wohnungen leben, und die bereits zuvor Ärmsten der Armen.

Neben der ausgeprägten, beifälligen Berichterstattung über die Lockdown-Maßnahmen der Bundes- und Landesregierungen beteiligten sich zu meinem Entsetzen auch zahlreiche Journalisten am Posting-Spektakel in den sozialen Medien.

Das Ergebnis: Zu viele Journalisten waren anfänglich nicht länger distanzierte Kritiker der Politiker, sondern freudige Aktivisten, die wie Lemminge den für die Pandemie-Bekämpfung verantwortlichen Politikern hinterherliefen.

Selbstverständlich gab es auch Journalisten, die bereits zu Beginn der Corona-Pandemie Kritik an den Maßnahmen verlauten ließen. Glücklicherweise, denn anders wäre die mediale Beschallung inklusive der sozialen Medien auch nicht zu ertragen gewesen. Eine der kritischen Stimmen war Thomas Tuma. Der renommierte Wirtschaftsjournalist veröffentlichte am 21. April 2020 im *Handelsblatt* den Kommentar »Corona – ein Virus namens Hysterie«.

Den Einstieg seines Textes kenne ich bis heute auswendig, weil die Position zu der damaligen Zeit so selten zu hören war: »Die Corona-Pandemie wird in die Geschichte eingehen. Aber nicht als die gefährlichste Seuche der Menschheit. Da gibt es viel Schlimmere – von der Pest bis zur Spanischen Grippe. Corona ist historisch so einmalig, weil wir die verheerendsten Folgen womöglich gar nicht dem Virus verdanken, sondern den politischen Antworten darauf.«[5] Im weiteren Verlauf seines Kommentars hadert Tuma mit den wirtschaftlichen Folgen der Pandemie.

Nicht nur die große gesellschaftliche Akzeptanz der von der Regierung, meinem persönlichen Empfinden nach, teilweise zu Unrecht angeordneten Eingriffe in unsere Grundrechte, während der Corona-Pandemie bringt mich zu der Erkenntnis, dass wir Deutschen unsere individuelle Freiheit NICHT genug zu schätzen wissen. Sondern vor allem der Fakt, dass wir während der Corona-Krise glücklicher geworden sind. Kein Scherz!

Im *World Happiness Report (WHP) 2021*, der sich vor allem auf die Auswirkungen der Corona-Krise auf das Wohlbefinden der Menschen fokussiert, landete Deutschland im Pandemiejahr 2020 auf Platz 7 der glücklichsten Länder der Welt. Zwischen 2017 und 2019 befanden wir uns im Durchschnitt auf Platz 15.[6]

Wir sind also acht Ränge beim Glücklichsein innerhalb eines Jahres vorangekommen – und das im Corona-Jahr? Wer hätte das gedacht? Ich mitnichten! Das Ergebnis bestürzt mich. Es ist großartig, dass wir in Deutschland glücklicher geworden sind, aber ausgerechnet jetzt? Wie kann es sein, dass die Deutschen sich in Zeiten eingeschränkter Freiheit wohler fühlen?

Die Corona-Pandemie und die daraus resultierenden massiv eingeschränkten Grundrechte als Glücks-Aphrodisiaka? Es ist schlicht und ergreifend verrückt, wenn Menschen mit stark beschnittenen Grundrechten glücklicher sind als zu normalen Zeiten. Wenn sie lieber von einer harten Hand geführt werden, anstatt Eigenverantwortung für ihr Handeln zu übernehmen.

Mir wird oft gesagt: Man müsse doch differenzieren. Wenn es um Freiheit geht, dann will ich aber nicht differenzieren. Freiheit sollte absolut sein!

Eine Erklärung ist laut den Autoren des *WHP*, dass die Menschen die Pandemie als eine »›gemeinsame, äußere Bedrohung‹ betrachteten, die alle treffe, und dass dies für ›ein größeres Gefühl der Solidarität und der Zusammengehörigkeit‹ gesorgt habe.«[7]

Dieses Phänomen ist mir wohlbekannt. Während meiner Universitätszeit in Maastricht bezeichneten die Professoren jenes verbindende Element als den gemeinsamen Feind. Nichts verbinde Menschen so sehr wie ein gemeinsames Feindbild, lehrten sie uns Studenten. In den Vorlesungen entlarvten meine Dozenten jenes Verhalten als niederträchtigen menschlichen Instinkt. Als eine Erklärung für die grauenhaften Weltkriege, die hinter uns liegen, keinesfalls als einen positiven verbindenden Faktor.

Doch es müssen nicht immer die tiefgreifenden geschichtlichen Ereignisse sein, um die Kraft des geteilten Feindbildes zu entdecken. Mathematiker und Informatiker von der Cornell-Universität in Ithaca im US-Bundesstaat New York haben menschliche Beziehungen mathematisch erforscht und dabei herausgefunden, dass auch unsere persönlichen Freundschaften stärker sind, wenn wir Feindbilder teilen.[8]

Zusammen gegen etwas zu sein, verbindet enorm. Das mag logisch sein. Doch ich finde es generell furchtbar, wenn ein gemeinsames Feindbild glücklicher macht. Sich einer gemeinsamen Vorstellung eines Feindes zu unterwerfen ist das Gegenteil von Freiheit – von der Freiheit, ein eigenes Weltbild und eine eigene Meinung zu entwickeln, die konträr zur Gesellschaft sein dürfen und sein müssen. Denn wie soll eine Demokratie funktionieren, wenn alle Bürger dieselben Ansichten haben und dasselbe Feindbild teilen?

Selbstverständlich war und ist die Corona-Pandemie nach wie vor etwas, gegen das es anzukämpfen gilt. In diesem Fall ist es verständlich, dass es als »gemeinsame äußerliche Bedrohung« wahrgenommen wird.

Doch das daraus resultierende große Gefühl der Solidarität hat unsere Wachsamkeit reduziert. Einzelne Corona-Maßnahmen hätten von Beginn an viel stärker hinterfragt werden müssen. Covid-19 sollte für uns alle ein Warnschuss sein.

Sich gegen etwas zu stellen, was alle anderen für gut halten, erfordert Mut und eine gehörige Portion Rückgrat. Nicht nur in politischen Diskussionen, auch im Privatleben bedeutet Haltung stets Auflehnung, die nicht immer mit Harmonie verbunden ist. Ist es doch einfach, Komplimente zu machen, während konstruktive Kritik meistens mit Gegenwind verbunden ist.

Rückgrat erfordert Mut. Und Mut ist Leben.

Sind wir freiheitsträge?

Einer, der sich diese Frage schon im Jahr 2011 gestellt hat, ist der Medienmanager Dr. Mathias Döpfner. In seinem

Buch *Die Freiheitsfalle: Ein Bericht*, schreibt er: »Je freier die Deutschen und die Europäer geworden sind, desto unwichtiger wurde ihnen die Freiheit. Das ist psychologisch verständlich. Was man nicht hat, will man erringen. Was man hat, nimmt man als gegeben, also selbstverständlich hin. Gesellschaftspolitisch ist diese Selbstzufriedenheit höchst gefährlich. Denn das, was man nicht aktiv verteidigt, kann leicht wieder abhandenkommen. Wir glauben, die Freiheit für immer zu besitzen. Und wir merken nicht, wie die Freiheit uns unter den Händen zerrinnt.«

Seine Erklärung der Freiheitsfalle, zehn Jahre vor der Corona-Pandemie niedergeschrieben, lautet: »Das Fatale an der Freiheitsfalle ist, dass man nicht merkt, wenn man in ihr gefangen ist. Denn sie schnappt nicht zu, sie tut nicht weh. Zum Wirkungsmechanismus der Freiheitsfalle gehört es, dass sie ihren Gefangenen das Gefühl vermittelt, es sei alles in Ordnung. Man muss nicht strampeln, um frei zu sein oder frei zu kommen. Man ist es ja. Noch.«[9]

Ich hätte mir in den letzten bald anderthalb Jahren weniger starken Staat und mehr Eigenverantwortung der Bürger zur gemeinsamen Bewältigung der Corona-Pandemie gewünscht sowie den deutlich höheren Widerspruchsgeist der Bevölkerung. Während die Jugendlichen für die Umwelt auf Europas Straßen demonstrierten, taten sie dasselbe nicht für die Freiheit.

Die Einschränkung der Grundrechte vollzog sich beinah geräuschlos, während die Bevormundung der Gesellschaft durch den Staat in Kraft trat.

Doch es ist müßig, nun über die (vermeintlich) falschen Entscheidungen der Regierung zu sinnieren. Sei es das Impfdesaster oder die monatelangen Schließungen der Schulen. Von der Gastronomie und der Eventbranche ganz zu schweigen. Was vergangen ist, ist vergangen, und die Corona-Krise war GEWISS keine einfache Zeit. Uns ist eine Pandemie entgegengeschnellt, die in den ersten Monaten nach Ausbruch niemand so recht einzuschätzen wusste.

Gesundheitsminister Jens Spahn hatte recht, als er sagte: »Wir werden uns viel verzeihen müssen.«[10] Ich bin mir sicher: Die Geschichtsbücher werden zeigen, wie wir uns an die Corona-Pandemie und den politischen Aktionismus in Form von Verboten und teilweise skurrilen politischen Gängelungen erinnern werden.

Doch was uns heute schon zeigen sollte, dass zu große Zustimmung in breiten Teilen der Bevölkerung zu nichts Gutem führt, sind die langfristigen Corona-Auswirkungen der politischen Maßnahmen auf die Kinder und Jugendlichen, die jetzt frustriert und häufig sogar therapiebedürftig sind.

Meine Kollegin, die *Bild*-Journalistin Lydia Rosenfelder, wies darauf zuletzt in ihrem Kommentar »Wo bleibt der Alarm?« hin: »Die Zahl der Kindesmisshandlungen stieg im Lockdown-Jahr um 10,8 %. Bei Opfern unter 6 Jahren lag der Anteil sogar bei 11,5 %. Sexuell missbraucht wurden 16 921 Kinder – 6,1 % mehr als im Vorjahr. Getötet, erschlagen oder zu Tode geprügelt: Anstieg 36 %.[11]

Auch ich frage mich: Wo bleibt der Alarm? Und vor allem: Warum haben wir Bürger im Pandemiejahr nicht lauter aufbegehrt?

Wir werden Antworten darauf finden müssen. Das sind wir den Kindern und Jugendlichen schuldig. Und was es jetzt zu gestalten gilt, ist die Zukunft. Publizist und Medienunternehmer Gabor Steingart betont in seinem Buch *Die unbequeme Wahrheit* die notwendige Wachsamkeit der Bürger: »Wir müssen jetzt, wo der Sturm der Veränderung heftiger bläst, wachsam sein.«

Er fährt fort: »Ausgerechnet in dieser Lage versuchen die Sozialdemokraten und die Linken, dich zu betäuben. Du rufst Zukunft und sie verstehen Zuwendung. Du verlangst nach Gespräch, und sie liefern wieder nur eine soziale Subvention, deren Finanzierung auf Kosten jener Kinder erfolgt, von denen es nur noch wenige gibt. Nichts wird besser, aber du wirst süchtig. Die linken Dealer sind unterwegs, um dir deine Angst wegzuspritzen. Dabei ist deine Angst jetzt das Wertvollste, was du besitzt.«[12]

Auf den ersten Blick wirken die Worte Angst und wertvoll ziemlich konträr zueinander. Ist die Floskel »Angst ist immer ein schlechter Ratgeber« doch tief in unserer Gesellschaft verankert. Doch Angst lähmt nicht nur. Angst kann antreiben.

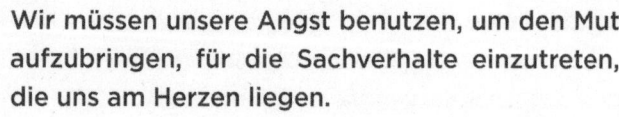

Wir müssen unsere Angst benutzen, um den Mut aufzubringen, für die Sachverhalte einzutreten, die uns am Herzen liegen.

Mich ängstigt der Verlust der Freiheit mit der damit einherge-henden Selbstzensur, die zu viele Menschen bereits jetzt an sich vornehmen. Nicht, weil wir keine Meinungsfreiheit in Deutschland hätten. Die haben wir, hundertprozentig! Alles andere ist rechtspopulistisches Geschwätz! Ein solches Buch, wie ich es schreibe, wäre in anderen Ländern überhaupt nicht denkbar.

Manch ein Bürger schränkt sich jedoch selbst in sei-ner Meinungsfreiheit ein, aus Angst vor schiefen Blicken. Aus Angst vor sozialer Ächtung, dass nicht mehr mit ihm gesprochen wird, dass man mit ihm nicht mehr zusam-menarbeiten könne.

Eine Umfrage des Allensbacher Instituts offenbarte kürz-lich die bittere Wahrheit: Etwas weniger als die Hälfte der Befragten glaubt, man könne seine politische Meinung noch frei äußern. »Nach dem Eindruck vieler Deutscher ist es um die Meinungsfreiheit so schlecht bestellt wie nie zuvor in der Bundesrepublik.«[13] Ein alarmierendes Signal. Doch es wun-dert mich nicht. Kürzlich erst erklärte der allseits beliebte, pro-minente Entertainer Thomas Gottschalk in der Sendung von Sandra Maischberger, die für mich den Anstoß lieferte, dieses Buch zu schreiben, dass man nicht mehr alles sagen könne, was man denke.[14]

Für mich persönlich zeigt das eine Form von selbstver-schuldetem Freiheitsentzug auf, dem wir jedoch als Gesell-schaft entgegenwirken müssen. Gottschalk persönlich schätzt positiven Streit. Erst kürzlich erklärte er gegenüber dem Magazin *Bunte Quarterly*: »Ich sorge mich darum, dass lustvolles Streiten nicht mehr zum Alltag junger Menschen gehört. Die halten eher die Klappe, bevor sie etwas sagen, das nicht jedem gefallen dürfte. Oder sie gehen mit einer Humorlosigkeit an die Dinge heran, die mir selbst in meinem Alter fremd ist.«[15] Hoffen wir, dass nicht auch Gottschalk das lustvolle Streiten langfristig abhandenkommt.

Die Sehnsucht der Bürger nach Einigkeit und Sicherheit scheint so groß wie seit Jahrzehnten nicht mehr.

Da gerät die für jede Demokratie so elementare Sehnsucht nach Freiheit schon mal auf die hinteren Ränge. Dort sollte sie nie sein. Die Freiheit gehört auf die Bühne, mehr denn je. Es liegt in unserer Verantwortung, sie zu leben, sie einzufordern, sie zurückzubringen.

Wir müssen weniger Angst vor dem Anecken haben, mehr leidenschaftliche Diskussionen wagen und endlich wieder den Wert der individuellen Freiheit erkennen. Oder wie der griechische Staatsmann Perikles bereits 419 vor Christus sagte: »Das Geheimnis des Glücks ist die Freiheit, und das Geheimnis der Freiheit ist der Mut.«

GRÜNE PLANWIRTSCHAFT – DER FAHRRADWEG IN DIE ARMUT

Wie wir inzwischen festgestellt haben, lieben Grünen-Politiker moralische Überhöhung. Sie stellen sich gerne wie Lehrer über uns und geben uns vor, wie wir zu leben haben, für eine aus ihrer Sicht bessere Welt. Wann immer es zulässig ist, sollen die Verbote gesetzlich festgeschrieben werden. Wenn es verfassungsrechtlich schwierig wird, sollen die Vorschriften über Umwege durchgedrückt werden.

Einer dieser Umwege ist das planende Eingreifen des Staates in die Wirtschaft – er bestimmt also, welche Produkte wie und zu welchem Preis verkauft werden. Dieses Steuerungselement ist bei Politikern parteiübergreifend sehr beliebt, die Grünen setzen sich hierbei wieder einmal die Krone auf. Wie du schon in meinem Kapitel »Das wird man ja wohl noch verbieten dürfen!« gelesen hast, möchten uns die Grünen am liebsten im Detail vorschreiben, was wir zu konsumieren und zu besitzen haben.

Auch die Unternehmen in Deutschland sollen staatlich angeleitet werden, sodass sie nur die Produkte und Dienstleistungen anbieten, die die Grünen gutheißen. Und selbst wenn gegen bestimmte Waren an sich nichts einzuwenden ist, könnten sie uns vorschreiben, wie diese produziert werden sollen. Teilweise geht es auch an die Regulierung der Preise.

█ **Klingt wie Sozialismus at its best, nicht wahr?**

Das macht mir große Angst. Die Weltgeschichte hat bewiesen, dass Sozialismus und Planwirtschaft in jedem Fall zu bitterer Armut führen, auch in Deutschland haben wir das erlebt. Doch die Sowjetunion mitsamt der Deutschen Demokratischen Republik (DDR) ist längst nicht das einzige Beispiel. Kuba, Nordkorea, China (unter Mao) und zuletzt Venezuela, als trauriger Neuer in der Runde, sind die prominentesten Beispiele. Gemein haben diese Länder sämtlich, dass es der großen Mehrheit der Bevölkerung unvorstellbar schlecht und einigen wenigen, zu denen die Politiker dieser Nationen zählen, sehr gut geht.

Natürlich wäre es übertrieben, den Grünen zu unterstellen, sie würden für Deutschland diese strikte Form der Planwirtschaft fordern, aber Tendenzen sind zu erkennen. Und ich finde, dass man die grünen sozialistischen Ansätze keineswegs verharmlosen darf, sondern deutlich auf sie hinweisen muss.

Wenn es nach der Bundestagswahl im Herbst für eine grün-rot-rote Bundesregierung reichen sollte, ist es offensichtlich, dass wir diese Regierung auch bekommen werden. Zahlreiche Spitzenpolitiker von SPD und Grünen befürworten schon heute eine solche Regierungskonstellation. Bei einer grün-rot-roten Regierung wären die Grünen der mit Abstand stärkste Koalitionspartner. Das bedeutet automatisch mehr Ämter und mehr Macht für Politiker dieser Partei. Aus diesem Grund werden die Grünen in jedem Fall grün-rot-rot anderen Koalitionen vorziehen.

Dies wäre eine tiefrote Regierung, Linkspartei und die linken Flügel der Grünen und der SPD würden sich überbieten in ihrer Regulierungswut. Unter dem Deckmantel des Umweltschutzes und der sozialen Gerechtigkeit würde diese Koalition versuchen, unsere jahrzehntelang erprobte und bewährte Wirtschaftsordnung der sozialen Marktwirtschaft zu verändern. Eine links-grüne Regierung würde nach und nach versuchen, unsere soziale Marktwirtschaft, die im Kern auf Wettbewerb und freier Initiative beruht, zu einer staatsgeplanten sozialen Wirtschaft zu formen. Das wäre noch keine Planwirtschaft, aber dennoch viel zu nah dran.

Schauen wir doch einmal zurück in die deutsche Vergangenheit: In der DDR wurde anfänglich auch nicht jedes Produkt durchgeplant. Die Staatliche Plankommission kümmerte sich zunächst um weniger als 1000 Produkte.

Nachdem es nicht gelang, mit dieser Planwirtschaft die großen Versprechungen einer steigenden Lebensqualität einzuhalten, wurde fatalerweise mit immer weiterer Planung und noch mehr Produkten reagiert. Wo das alles hinführte, ist allseits bekannt. Die DDR zerbrach, auch aufgrund einer miserablen wirtschaftlichen Lage, geprägt von fehlendem technischem Fortschritt, maroder Infrastruktur und einer armen Bevölkerung ohne wirkliche Perspektive.

 Warum funktioniert eine zentral geplante Wirtschaft nicht in optimierter Form?

Für manche mag es sich recht verlockend anhören, dass hierzulande das Volk – anders als in der DDR – seine Vertreter demokratisch in den Bundestag wählt und die Berufspolitiker dann alles für die Bevölkerung organisieren. Wunschvorstellung: Der Staat hat viel Geld und sorgt damit dafür, dass es in Deutschland gerecht zugeht und es allen Leuten gut geht. Schön, wenn das so wäre, es funktioniert aber eben nicht. Über dieses Thema wurden schon hunderte Seiten dicke volkswirtschaftliche Manifeste geschrieben. Das erspare ich uns jetzt und lasse lieber zwei anekdotische Beispiele für sich sprechen:

In der Sowjetunion wurde vor einigen Jahrzehnten einer Fabrik für Nägel von oberster Planstelle angeordnet, die Produktion zu erhöhen, weil das Volk mehr davon brauchte. Von der Planstelle gab es eine genaue Gewichtsvorgabe, also wie viele Tonnen Nägel produziert werden sollten, jedoch keine Stückzahl. Die Arbeiter in der Fabrik fertigten daraufhin für eine Planungsperiode größere und schwerere Nägel, um das Ziel schneller zu erreichen. Die Gewichtsvorgabe wurde zwar penibel erfüllt, aber die Erzeugnisse waren für die Bevölkerung nicht mehr zu gebrauchen.

Und in der DDR hielt die Regierung den Preis für Brot von Staats wegen so gering, dass es teilweise günstiger war als Schweinefutter. Die logische Konsequenz raffinierter Bauern: Sie fütterten ihre Schweine häufig einfach mit Brot statt Schweinefutter. Das führte zu hohen Kosten für die Staatskasse, weil für die Schweine unnötiges, zusätzliches Brot produziert wurde.

Da wir heute in Deutschland nicht in einer Planwirtschaft, sondern in einer Marktwirtschaft leben, sieht es zum Glück anders aus. Bei uns steht es einer Nagelfabrik frei, selbst zu entscheiden, wie viele Nägel sie von welcher Sorte produziert. Dadurch kann sie sich den Wünschen der Kunden optimal anpassen und erfindet bei Bedarf sogar neue Produkte. Der Staat muss dazu gar nicht eingreifen.

Bestimmt hast du das schon mal gehört: »Der Markt regelt das.« Es findet ein natürlicher, permanenter Ausgleich zwischen den Angeboten der Unternehmen und der Nachfrage der Kunden statt. Auch einer Bäckerei ist freigestellt, zu welchem Preis sie ihr Brot anbietet. Die Betriebe verfolgen neben ihrem wirtschaftlichen Erfolg vor allem ein Ziel: den Kunden zufriedenzustellen, andernfalls verlieren sie ihn.

Mein Buch trägt aus gutem Grund den Untertitel *Ein Plädoyer für die Freiheit*. Ich glaube an die Selbstbestimmtheit der Menschen. Jeder soll frei entscheiden dürfen, was er tut und welche Produkte er kauft. Es soll auch jeder über die

Freiheit verfügen, seine Waren so anzubieten, wie er es für richtig hält.

Die Menschen regeln die milliardenfachen Transaktionen einfach viel besser, als Politiker von zentraler Stelle aus dazu in der Lage wären.

Wenn der Bäcker um die Ecke leckere Brötchen zum fairen Preis anbietet und zudem seine Bäckerei noch einen gepflegten Eindruck macht, kaufe ich dort gerne ein. Der Bäcker weiß, dass er sich anstrengen muss, seine Kunden zufriedenzustellen. Wenn er plötzlich die Preise verdreifachen würde und zudem noch unfreundlich wäre, würde er sehr schnell Kunden verlieren und pleitegehen. Und weil der Bäcker das weiß, tut er es nicht. Falls der nächstgelegene Konkurrent sich allerdings zehn Kilometer weiter in der nächsten Stadt befände, würde der Bäcker vielleicht noch eine Zeit lang mit teuren Brötchen und unfreundlichem Verhalten durchkommen.

Doch auch in diesem Fall würde die marktwirtschaftliche Dynamik nach einigen Monaten dafür sorgen, dass ein anderer Bäckermeister davon Wind bekommt und eine neue Bäckerei in der Nähe eröffnet, die Kunden immer freundlich behandelt. Der teure, unsympathische Bäcker wäre dann endgültig gezwungen, Preise und Verhalten anzupassen oder seine Bäckerei zu schließen, denn ausreichend Kunden hätte er dann wohl kaum noch. Eine solche Entwicklung ist nicht unsozial, sondern fair, denn jeder Bäcker hat sein Glück und seinen wirtschaftlichen Erfolg schließlich selbst in der Hand.

Da es in der Marktwirtschaft nicht nur einen Anbieter gibt, sondern mehrere, stehen sie im Wettbewerb miteinander. Dadurch strengen sich alle Hersteller mehr an, und die Kunden erhalten Produkte zu einem optimierten Preis-Leistungs-Verhältnis. Sämtliche hoch entwickelten Länder unserer Welt vertrauen auf dieses logische und bewährte Wirtschaftssystem. Alle Gesellschaftsschichten haben dadurch an Wohlstand gewonnen. Auf diese Weise wurden hunderte Millionen Menschen in Entwicklungsländern aus bitterer Armut befreit.

Falls dich das Thema im Detail interessiert, empfehle ich dir den internationalen Bestseller *Factfulness* von Hans Rosling.[1] Dieser schwedische Gesundheitsforscher zeigt anhand von offiziellen Statistiken auf, dass wir auf dem richtigen Weg sind und die Welt stetig etwas besser wird.

Kommen wir nun zurück zu den Grünen und dem Jahr 2021. Die Grünen werben in ihrem Wahlprogramm nicht mit der Planwirtschaft in Reinform. Folgendes Beispiel kommt den oben genannten Beispielen jedoch verdächtig nah:

Per Bundesgesetz sollen Mietobergrenzen festgelegt werden. Solch ein Mietendeckel ist ein grün-rot-roter Traum und nichts anderes als eine Preisfestsetzung wie im Beispiel mit den Broten in der DDR. In Berlin wurde dieses Experiment zwei Jahre lang ausprobiert, bevor das Bundesverfassungsgericht es kassiert hat. Und allein in dieser kurzen Zeit hat sich das Angebot an Wohnraum in etwa halbiert. Falls das Bundesverfassungsgericht künftig aus irgendeinem Grund eine etwas abgeschwächte Mietobergrenze auf Bundesebene akzeptierte, würde sich dies fatal auswirken: Wenn ein Hausbesitzer sicher weiß, dass er durch Vermietung niemals mehr als einen festgelegten Ertrag erwirtschaften kann, wird er seine Kosten entsprechend senken. Das bedeutet, er würde nur noch minimal in die Instandhaltung investieren.

Dieser Effekt würde über einen längeren Zeitraum als der zwei Jahre während Berliner Versuch weitaus deutlicher in Erscheinung treten. Über kurz oder lang würden viele Menschen in maroden Häusern und Wohnungen leben müssen, die auch mit Blick auf die Nachhaltigkeit sicher nicht immer dem neuesten Stand der baulichen Möglichkeiten entsprechen würden.

Wie sähe es in einer solchen Situation mit der Schaffung von neuem Wohnraum aus? Dieser ist ja in immer mehr deutschen Städten schon heute viel zu knapp. Im Fall eines Mietendeckels würden Neubauprojekte gar nicht mehr, oder wenn doch, in erheblich schlechterer Ausführung realisiert. Da ein Immobilienentwickler schon vor dem Bau weiß, dass Wohnraum knapp ist und er nur einen festgelegten Ertrag pro Quadratmeter Wohnfläche verlangen darf, wird er die günstigste Bauweise wählen, um möglichst viele Quadratmeter anzubieten.

Dennoch wird der Immobilieninvestor aufgrund der Wohnungsknappheit und mangels Alternativen Mieter finden. Das erinnert stark an die Plattenbausiedlungen in der DDR. Alles sieht gleich aus, überall herrscht die gleiche minderwertige Qualität, von Individualität kaum noch eine Spur. Und da wir gerade wieder in der DDR angekommen sind, passt es gut festzuhalten, dass die Berliner Grünen jüngst die Enteignungspläne für Wohnungsbaugesellschaften unterstützt haben. Sollte es tatsächlich zu einer Enteignung kommen, wäre dies derselbe Vorgang wie in der DDR bei der Entstehung der »Volkseigenen Betriebe« (VEB) geschehen. Unternehmen wurden damals verstaatlicht und gehörten, zumindest in der offiziellen Sprachregelung, »dem Volk«.

Ein »starker« Staat kann die Wirtschaft nicht ersetzen. Ein solches Regierungsmodell wurde häufig versucht, und es ist immer gescheitert. Es funktioniert weder in der Theorie noch in der Praxis. Politiker sind Machtmenschen. Das finde ich, wenn es der eigenen Motivation dient, zunächst erst mal in Ordnung. Wer sich dem politischen Zirkus stellt und den ganzen öffentlichen Druck auf sich lädt, der darf auch motiviert sein, in eine mächtige Rolle aufzusteigen.

Als machtbesessener Politiker ist es eine süße Versuchung, immer mehr Aspekte des öffentlichen Lebens und der Wirtschaft zu planen und zu regeln. Es ist die ultimative Steigerung des politischen Amtes. Aus dieser Vorstellung machen die Grünen keinen Hehl, so heißt es in ihrem Grundsatzprogramm: »Es gilt das Primat der Politik, auch gegenüber Wirtschaft und Kapital. Wir wollen es neu begründen und durchsetzen.«

Laut verschiedener Politikwissenschaftler, unter anderem Hermann Adam und Josef Schmid, bedeutet das Primat der

Politik im weiteren Sinne eine Planwirtschaft. Auch der Historiker Stefan Wolle weist darauf hin, dass in der DDR ein uneingeschränktes Primat der Politik galt.[2]

Dieser Tendenz muss die Gesellschaft entgegenwirken. Ich glaube fest daran, dass die Gesellschaft sich am besten selber entfalten kann, sofern man ihr die richtigen Rahmenbedingungen setzt, über die wir in Deutschland seit Langem verfügen.

Zurück zum aktuellen deutschen Wohnungsmarkt:

Um die Lage für Mieter am Wohnungsmarkt wirklich zu erleichtern, muss das Angebot vergrößert werden. Dies würde wieder einen Wettbewerb der Vermieter um Mieter ankurbeln. Die Preise (Mieten) und die Leistung (Wohnstandard) für Mieter würden sich deutlich verbessern. Hierzu müsste der Staat mehr neues Bauland ausweisen und mehr Baugenehmigungen zur Verdichtung der Innenstädte bewilligen (etwa den Ausbau von Dachgeschossen oder den Überbau von Supermärkten).

Das Wahlprogramm der Grünen verspricht eine »sozial-ökologische Transformation«. Unter ihrer Führung soll Deutschland »unter allen Industrieländern Spitzenreiter bei öffentlichen Investitionen« werden. »Investitionen« und »ökologisch« in einem Satz klingt erst mal gut. Konkret hieße die Umsetzung dieses Wahlversprechens aber, dass die von den Grünen angeführte Regierung uns Bürgern und den Unternehmen Geld wegnimmt und es selber wieder ausgibt – für Dinge, die wir als Wähler nicht in der Hand haben, und deren Nutzen unklar ist.

Nicht falsch verstehen: Jeder Staat braucht Steuereinnahmen in einem angemessenen Umfang und einen auskömmlichen Staatshaushalt. Ich bin jedoch davon überzeugt, dass die Steuerlast nicht Überhand nehmen darf.

Am Ende des Tages wissen nämlich Bürger und Unternehmen in den meisten Fällen deutlich besser, was sie und die Gesellschaft benötigen, als es Politiker (unabhängig von ihrer Parteizugehörigkeit) jemals wissen könnten.

Die Weltgeschichte gibt mir hier uneingeschränkt recht. Zu empfehlen ist hier das Buch *The Road to Serfdom* von Friedrich A. Hayek.[3]

SEIFENBLASENPOLITIK

Wie sehr habe ich es als kleines Mädchen geliebt, Seifenblasen zu pusten. Es fasziniert mich bis heute, wie aus einer langweiligen Spülmittel-Wasser-Mischung so schöne, bunt schimmernde und so perfekt, so edel wirkende transparente Gebilde entstehen können. In meiner Kindheit hätte ich zu gern jede einzelne Seifenblase eingefangen und für immer aufgehoben.

Doch wann immer ich es versuchte, zerplatzten mir die trügerischen Wunderkörper in Bruchteilen einer Sekunde in den Händen. Übrig blieb nicht mehr als das langweilige Spülmittel-Wasser-Gemisch, aus dem sie entstanden waren.

Ich lernte schnell: Seifenblasen sind eine Illusion und zu schön, um wahr zu sein.

Da in der heutigen politischen Landschaft selten eine Partei allein regiert, sondern für die absolute Mehrheit eine Koalition von zwei oder drei Parteien erforderlich ist, können sie selten all ihre Forderungen und Wünsche in die Realität umsetzen. In jeder Verhandlung sind Kompromisse notwendig. Aber es ärgert mich, wenn Parteien Seifenblasen pusten und große Wahlversprechen machen, die sich nett und blumig anhören, um den Wähler damit zu umgarnen.

Nur um die Blasen kurz nach der Wahl zerplatzen zu lassen, sobald diese mit der Realität zusammenprallen.

Das Parteiprogramm der Grünen enthält mächtig viele vollmundige Versprechungen dieser Art. Damit diese Seifenblasen nicht direkt auffliegen, sparen die Wahlprogrammschreiber dieser Partei das Thema der Umsetzung komplett aus. Zwar geben sie am Ende zu, dass »die Vorhaben ambitioniert sind« und »nicht versprochen werden kann, dass alle Projekte finanzierbar sind«.[1] Auch weisen sie ehrlich darauf hin, dass Bürger belastet werden. Im Schaufenster des Wahlkampfs geht diese Anmerkung aber unter. Im 136 Seiten langen Parteiprogramm der Grünen ist sie auf der vorletzten Seite vergraben. Einige Beispiele sollen erläutern, was ich mit Seifenblasen meine:

Seifenblase Bundeswehr

Aus dem Wahlprogramm der Grünen entnehme ich die Ambition, dass unsere Bundeswehr personell und materiell besser ausgestattet werden soll. Zudem will diese Partei als verlässlicher Bündnispartner für die NATO agieren. Das hört sich für einen Leser mit einem realistischen Blick auf das Weltgeschehen erfreulich an. Schließlich hängt Deutschland sowohl historisch gesehen als auch in puncto Zukunft komplett von belastbaren Bündnissen ab. Während des kalten Krieges war die NATO unsere Lebensversicherung gegen die Sowjetunion. Ohne das amerikanische

Patronat über das NATO-Bündnis hätte die Sowjetunion vermutlich auch Westdeutschland vereinnahmt und in die Armut gestürzt.

Nun ist dies alles lange her, und wir könnten es für klug halten, das Verteidigungsbündnis NATO etwas schleifen zu lassen. Schließlich kostet unsere Beteiligung daran viel Geld, und wir wollen ohnehin niemanden angreifen. Und uns bedroht auch niemand mehr. Glücklicherweise liegt die Vorstellung, feindliche Panzer würden auf unsere Grenzen zurollen, aktuell völlig fern. Diese Situation ist kein Zufall oder göttliche Fügung, sondern das Resultat von militärischer Abschreckung. Ein solcher Krieg hätte schließlich keine Aussicht auf Erfolg, da wir uns mit Hilfe der NATO verteidigen könnten. Deshalb herrscht heute Frieden in Europa.

Wenn man diesen friedlichen Status quo dankend annimmt und für die Zukunft als gesetzt betrachtet, könnte man das gesparte Rüstungsgeld für Soziales, Bildung oder Umweltschutz verplanen. Diese Themen bringen im Wahlkampf schließlich mehr Stimmen als Kapitalströme, die in internationale Bündnisse fließen – nach dem Motto: Kitas statt Panzer. Diese polemische Argumentation unterschlägt jedoch, dass verantwortliche Politik zwei Ziele gleichzeitig erfüllen muss: die soziale Sicherheit der Menschen im eigenen Land zu garantieren und gleichzeitig das Land vor Angriffen von außen zu schützen. Überspitzt gesagt: Was helfen uns wunschlos glücklich ausgestattete Kitas, wenn unser Stromnetz regelmäßig ausfällt, weil es von ausländischen Hackern attackiert wird und wir uns nicht wehren können? Feindliche Kräfte sind heute imstande, »remote« anzugreifen. Cyber-Attacken sind eine – wenn nicht die größte – Bedrohung unserer Zeit. Daher gilt es, in diesem Bereich aufzurüsten und gleichzeitig unsere Truppen mit zeitgemäßer funktionierender Technik auszustatten, wobei dies nun mal Geld kostet.

In den letzten Jahren haben wir knapp über 1 Prozent unserer Wirtschaftsleistung jedes Jahr für die Verteidigung ausgegeben. Als NATO-Bündnispartner haben wir aber zugesagt, 2 Prozent jährlich zu investieren.[2] Ich möchte an dieser Stelle nicht beurteilen, ob es für Deutschland am Ende nach Abwägung aller Aspekte vorteilhafter ist, 1,7 oder 2 Prozent anzusetzen, aber eins steht fest:

Die Grünen malen ein Bild von einer besser ausgestatteten Bundeswehr, die uns stets beschützt und bei den NATO-Bündnispartnern hoch angesehen ist. Eine bessere Verteidigung bedarf größerer Investitionen. Und für das optimale Ansehen innerhalb der NATO empfiehlt es sich, Zusagen einzuhalten und die Verteidigungsausgaben auf die zugesagten 2 Prozent oder knapp darunter hochzuschrauben. Dieses Vorgehen lehnen die Grünen jedoch strikt ab.[3]

Aktuell streitet man sich innerhalb der Partei sogar schon über die Lieferung von Drohnen an den NATO-Beitrittskandidaten Ukraine. Das Land ist unter eskalierender militärischer Bedrängung durch Russland und baut auf Unterstützung seitens der NATO. Der Parteibasis widerstreben solche Hilfen, und selbst die Parteispitze ist sich uneins über ihre

Position. Generell haben die Grünen ein schwieriges Verhältnis zur Bundeswehr.

Kürzlich gründete sogar ein Grünen-Politiker den Verein BundeswehrGrün, um das Verständnis zwischen der Partei und der Bundeswehr zu verbessern.[4] Aktuell streitet die Partei schon wieder darüber, ob Drohnen in die Ukraine geliefert werden sollen. Robert Habeck war dafür, Annalena Baerbock war dagegen, die Parteimitglieder hatten gemischte Gefühle und am Ende gab es einen erzwungenen Kompromiss, mit dem wohl keiner so richtig glücklich wird.[5] Bei realer Verteidigungs- und Bündnispolitik herrschen eben schlechte Flugbedingungen für Seifenblasen.

Viel investieren, ohne Geld auszugeben? Hohes Ansehen bei Bündnispartnern genießen wollen, während man Bündnisabsprachen nicht einhält? Das wäre zu schön, um wahr zu sein, und ist damit eine Seifenblase, die zerplatzt, bevor sie sich überhaupt in ihrer ganzen Pracht entfalten konnte.

Seifenblase Deutsche Bahn

Vermutlich sind wir uns einig, dass man bei der Deutschen Bahn einiges verbessern könnte – das haben sich auch die Grünen vorgenommen. Dabei schwebt ihnen sogar vor, innerdeutsche Flüge überflüssig zu machen. Nun nehmen wir einmal eine typische deutsche Flugstrecke: Ein Linienflug von München nach Hamburg dauert 75 Minuten. Die im Vergleich zur Bahn erhöhten Wartezeiten am Flughafen hinzugerechnet, umfasst diese Reise rund zweieinhalb Stunden. Die Bahn braucht für dieselbe Strecke sechseinhalb Stunden. Die Reisezeit per Zug ist also doppelt bis dreimal so lang wie mit dem Flugzeug. Um diesen verteufelten Inlandsflug zu ersetzen, müsste die Bahn mehr als doppelt so schnell fahren wie heute – eine völlig utopische Forderung.

Um auch nur in die Nähe dieser Geschwindigkeiten zu kommen, würden wir neue Bahntrassen für Hochgeschwindigkeitszüge benötigen. Solche riesigen Infrastrukturprojekte sind in Deutschland planungsrechtlich nicht umsetzbar. Zumal viele Umweltauflagen die Genehmigung solcher Bauwerke erheblich erschweren, weil sie einen nicht unerheblichen Eingriff in die Natur und Landschaft darstellen. In einer nationalen Kraftanstrengung wäre diese Hürde eventuell zu nehmen, aber zunächst müsste man den Zweck abwägen. Denn angesichts der CO_2-Einsparungen durch den Verzicht auf Inlandsflüge kommt man auf eine ernüchternde Bilanz: Wie das Verkehrsministerium auf Anfrage der Linken errechnet hat, tragen alle Inlandsflüge zusammen nur 0,2 bis 0,3 Prozent zum CO_2-Ausstoß unseres Landes bei.[6] Allein das Braunkohlekraftwerk Neurath stößt rund 30 Millionen Tonnen CO_2 pro Jahr aus und damit das 18-Fache von allen Inlandsflügen zusammen – wir sprechen von einem einzigen Kraftwerk.[7] Bei den Fernverbindungen der Bahn dürfen wir durch Einflussnahme der Grünen also keine Wunder erwarten.

Ein weiterer wesentlicher Aspekt der grünen Bahnstrategie besagt, dass künftig viel mehr Bahnhöfe angefahren werden, und dazu regelmäßiger als bisher.[8] Dies ist eine nette, aber kostspielige Idee, weil die Fahrten schlecht ausgelastet sein dürften. Dafür halten die Grünen selbstverständlich eine kluge Lösung bereit: Steuern. Ergo sollen wir für den ÖPNV und die Bahn noch mehr bezahlen als heute, unabhängig davon, ob wir beides nutzen oder nicht.

Um die Verwaltung unserer Finanzen kümmert sich dann die Politik. Denn der Bahn-Konzern soll laut den Grünen noch weniger privatwirtschaftlich geführt werden als bisher und noch mehr wie eine Behörde agieren. Und weil die Grünen offenbar hervorragende Konzernlenker sind, werden sie es auch schaffen, dass wir per Bahn künftig überall in Bestzeit hinreisen können.

 Die grüne Bahnstrategie – eine Seifenblase – mit zwölf Minuten Verspätung auf Gleis 2.

Seifenblase Vermögensteuer

Das eigentlich ad acta gelegte Thema Vermögensteuer hat es ganz oben auf die grüne Agenda geschafft. Bei der Linken war es von jeher fester Bestandteil der sozialistischen Idee, und auch die SPD bemühte es gerne, wenn ihre Umfragewerte sanken. Aus guten Gründen hat es weder der einen noch der anderen Partei bisher geholfen.

Es mag sich zwar plausibel anhören, dass reiche Menschen (noch) mehr von ihrem Geld abgeben sollen. So zumindest schallt es aus den Parteizentralen der grün-rot-roten Bündnisparteien. Nur leider versteckt sich hinter dieser populistischen Forderung eine umfangreiche verfassungsrechtliche Problematik und ein gewaltiges Gerechtigkeitsproblem. Deshalb wurde die Vermögensteuer zum Ende des letzten Jahrhunderts abgeschafft.

Ich erspare dir eine philosophische und verfassungsrechtliche Erörterung, zumal insbesondere die Feinheiten des Verfassungsrechts auch für mich böhmische Dörfer sind. Deswegen sei das Thema Vermögensteuer hier pragmatisch auf den Punkt gebracht:

Damit eine Vermögensteuer fair ist, muss sie das gesamte Vermögen einer Person erfassen. Dazu gehören auch die Wohnung oder das selbst genutzte Eigenheim. Das heißt, wenn man in einer Eigentumswohnung in einer Stadt wie München wohnt, muss dieses Domizil zu einem realistischen Marktwert bewertet werden, so wie es bei Aktien geschieht.

Bei den aktuellen Immobilienpreisen würde die steuerliche Grenze (diese läge zwischen 1 und 2 Millionen bei einer grün-rot-roten Regierung) schnell überschritten. Ab diesem Punkt greift dann eine Vermögensteuer von vermutlich 2 Prozent (Forderungen reichen derzeit von 1 bis 5 Prozent). Somit würden auch viele Menschen mit mittleren Einkommen geschröpft.[9]

Nicht jeder Wohnungsbesitzer in Hamburg oder jeder Hauseigentümer im Bergischen Land hat seinen Wohnsitz nebenher aus seinen Millioneneinkünften finanziert. Viele haben ihre Wohnung geerbt oder ein Partner hat das Haus mit in die Ehe gebracht. Auf solchen Immobilienbesitz könnten dann zusätzlich zigtausend Euro pro Jahr an Steuern fällig werden.

Bei diesem Beispiel, bei dem einem die Härte und Ungerechtigkeit förmlich ins Gesicht springt, beteuert das grünrot-rote Lager gerne, dass es die eigenen vier Wände der Bürger verschonen will. Das wird aber nicht möglich sein. Warum? Weil es unfair wäre, Wohneigentum zu bevorzugen. Ist das überraschend? Keineswegs. Denn das Bundesverfassungsgericht urteilte schon 1995, eine Bevorzugung von Immobilien sei nicht rechtmäßig – wie man sich ganz einfach erklären kann:[10]

Wenn eine Familie sich entscheidet, eine Wohnung zu mieten, und etwa in Form von Aktien oder einer Lebensversicherung spart, darf sie nicht schlechter gestellt werden als eine andere Familie in identischer Vermögenslage, die stattdessen eine Wohnung gekauft hat.

Vermutlich sind wir uns einig, dass eine Vermögensteuer für die eben skizzierten Beispiele ein Riesenfehler wäre. Aber es gibt ja noch die Superreichen, denen diese Abgaben nicht so wehtun. Dumm ist nur, dass der Staat an diese Vermögen schwer herankommt. Denn die reichen Familien und ihre Erben verfügen über Zweitwohnsitze außerhalb von Deutschland, Firmen in anderen Ländern und viele von ihnen sogar über weitere Staatsbürgerschaften.

Zudem können sich schwerreiche Menschen die besten Steuerberater der Welt leisten. Der Staat bekommt also diese »mobilen« Vermögen kaum zu fassen. Somit trifft die

Vermögensteuer die relativ große Oberschicht, aber nicht, wie überall verkündet, die Superreichen. Bei den Grünen klingt das im Parteiprogramm übrigens so: »Superreiche sollen über eine verfassungsfeste, ergiebige und umsetzbare Vermögensteuer mehr als bisher zu unserem Gemeinwesen beitragen.«[11]

Gänzlich unbeachtet bleibt derweil, dass vermögende Personen bereits heute durch ihre Abgaben erheblich zum Wohlstand des Gemeinwohls beitragen. Dies nicht nur, indem sie eine erhebliche Steuerlast tragen, sondern für Arbeitsplätze sorgen, den Konsum anregen und ihre Vermögenswerte für karitative Zwecke einsetzen. Selbstverständlich verwenden manche wohlhabenden Menschen ihr Geld wenig sinnstiftend, aber ich bin überzeugt, dass die Mehrheit von ihnen ihre finanziellen Mittel sinnvoller nutzt, als es die Partei der Grünen vermutet.

Die Vermögensteuer ist eine Seifenblase, die am Bundesverfassungsgericht zerplatzen wird oder, falls es ganz übel käme, auf den Köpfen der Bürger, die »dummerweise« über ein Vermögen verfügen.

Seifenblase Klimaschutz

Die Grünen haben unverhofft den aktuellen Zeitgeist mit ihrem Parteinamen getroffen. Da dürfen sie froh sein, dass sie sich schon damals bei der Namensgebung auf den ökologischen und nicht auf den sozialistischen Inhalt bezogen haben. Ob Glück oder Verstand, das haben sie auf jeden Fall gut gemacht.

Die Grünen sind also die Umweltpartei in der öffentlichen Wahrnehmung. Häufig hört man Äußerungen wie »die Grünen tun wenigstens etwas für die Umwelt«. Hinter dieser Aussage verbergen sich aber leider viele Irrtümer.

Wie schon im Kapitel »Arme Umwelt: alle böse, außer die Grünen« erläutert, können wir uns darüber freuen, dass der Umweltschutz heute Mainstream ist.

Die Grünen versuchen sich mit drastischeren Forderungen von den anderen Parteien abzusetzen (kürzlich kamen sie auf die Idee, Inlandsflüge zu verbieten). Parteipolitisch ist das ein verständlicher Reflex, denn sie möchten sich das Thema nicht wegnehmen lassen. So fordern die Grünen im Zweifel noch ein bisschen mehr als andere Parteien, wenn es um Klimaschutz geht, einfach aus Prinzip. Und was passiert dort, wo die Grünen auf Landesebene regieren?

In Baden-Württemberg regiert seit 2011 ein grüner Ministerpräsident. Das Land erreicht bei Erneuerbaren Energien nur einen Anteil von 31 Prozent an der Stromerzeugung (Stand 2019).[12] Im Hinblick auf ganz Deutschland, wo die Grünen nicht mitregieren, liegt der Durchschnitt inzwischen bei 46 Prozent (Stand 2020).[13] Das schmerzt diese Partei, und deswegen gelobt sie, diesen Wert schnellstens zu verbessern.[14]

Dass es mit dem Anteil an Erneuerbaren Energien bisher in Baden-Württemberg nicht so gut klappt, liegt aber auch daran, dass sich Anwohner gegen die Errichtung der fernsehturmhohen Windenergieanlagen wehren. Von der Autobahn im Vorbeifahren betrachtet, stören die Windräder nicht so sehr. Wenn man aber nebenan wohnt, bedeuten diese Anlagen eine massive Beeinträchtigung. Das komplexe Planungs- und Verwaltungsrecht in Deutschland schützt Bürger vor unverhältnismäßigem Schaden dieser Art. Die Grünen fordern nun, die aus ihrer Sicht »exzessiven Mindestabstände zu Siedlungen« abzuschaffen. Dass die Menschen vor Ort diese 200 Meter hohen, rotierenden und blinkenden Windräder aber nicht im Vorgarten stehen haben wollen, beabsichtigt diese Partei elegant mit »frühzeitiger Bürger*innenbeteiligung« zu lösen. Die Bürger, sorry Bürger*innen, können es sicherlich kaum erwarten.[15]

Nun zurück zu der Feststellung, dass der Ausbau der erneuerbaren Energieerzeugung auch ohne grüne Regierungsbeteiligung schnell vorankommt. Und das ist gut so, denn Erneuerbare Energien sind auf jeden Fall ein Teil der Lösung. Sie machen die Stromerzeugung klimaverträglicher. Zudem kann dieser Strom aus Sonne, Wind und Wasser andere Energieträger in der Industrie ersetzen, etwa wenn daraus Wasserstoff erzeugt wird. Welche Form der Erzeugung man wo anwendet, sollte man unter Berücksichtigung aller Faktoren entscheiden. In dicht besiedelten Ländern spielt der Platzbedarf eine größere Rolle als in sehr dünn besiedelten Regionen dieser Welt. So benötigt Solarenergie nur rund 10 Prozent der Fläche, die Windenergie beansprucht.[16] Es geht aber auch nicht nur mit Solarzellen, denn die funktionieren wiederum nur tagsüber. Windenergie funktioniert auch nachts, aber sie sollte dort produziert werden, wo viel Wind weht und nicht in windarmen, dicht besiedelten Regionen.

Das größte Problem der Erneuerbaren Energien ist die Speicherung des Stroms. Kohlekraftwerke liefern immer exakt den Strom, den wir brauchen. Die Sonne scheint aber nicht immer dann, wenn wir sie benötigen. Der Wind verhält sich ähnlich unkooperativ. Deswegen bedarf es umfangreicherer Stromnetze und vor allem Stromspeicher in gigantischem Ausmaß. Auch hier bieten sich verschiedene Anwärtertechnologien an (Wasserstoff, Batterien, Pumpspeicherkraftwerke), die alle aktuell noch Schwächen haben. Wir werden uns daher wieder mit Gaskraftwerken und Atomkraftwerken auseinandersetzen müssen. Ist das etwa das Idealszenario? Nein, natürlich nicht! Wir müssen uns dennoch damit auseinandersetzen, zumindest als Plan B. Denn kein Strom ist auch keine Lösung.

Wir brauchen eine rationale Debatte, frei von überzogenen Forderungen und Ideologie. Damit würden wir dem Weltklima am meisten helfen.

Denn das Ziel, die Erderwärmung aufzuhalten, ist richtig. Es ist bewiesen, dass sich die Erde erwärmt hat. Ebenfalls ist es sicher, dass Treibhausgase (insbesondere CO_2 und Methan) das Aufheizen beschleunigen. Hingegen sind die genauen Auswirkungen der Erwärmung auf unsere Welt und vor allem einzelne Regionen noch unklar. Ich weiß nicht, wie du dazu stehst, aber ich sorge mich, wie du inzwischen weißt, um das Weltklima. Deswegen stimme ich auch mit einigen Forderungen im Wahlprogramm der Grünen überein (gleiche oder ähnliche Forderungen findet man übrigens in allen anderen Parteiprogrammen). ABER: Wir dürfen uns nicht vormachen, dass wir den Klimawandel aufhalten, wenn wir eine grüne Regierung wählen. Wie im Kapitel »Arme Umwelt: alle böse, außer die Grünen« beschrieben, bekennen sich alle im Bundestag vertretenen Parteien außer der AfD zum Pariser Klimaabkommen.

Für einen Wähler, dem es ausschließlich um das Klima geht und der für die extremste Position stimmen möchte, sind die Grünen sicherlich die Richtigen. Derjenige sollte sich aber bewusst sein, dass sein Beitrag zum Weltklima durch diese Wahl gleich null ist – aus folgenden Gründen:

1. Klima ist global und macht nicht an Landesgrenzen halt. Deutschland verursacht nur circa 2 Prozent der weltweiten CO_2- und weniger als 1 Prozent der weltweiten Methanemissionen. Selbst wenn wir mit allem aufhören würden, was Treibhausgase verursacht, würde sich dies nicht nennenswert auf das Klima auswirken (dafür aber unvorstellbar drastisch auf unseren Lebensstandard).[17]

2. Noch mehr kann es uns desillusionieren, wenn wir uns vor Augen führen, wie Öl- und Gasstaaten wie Saudi-Arabien oder Russland vorgehen würden, falls wir in Deutschland kein Öl oder Gas mehr nutzen würden. Würden sie das Öl und das Gas im Boden lassen? Wohl

kaum. Denn diese Staaten sind abhängig von ihren Rohstoffen. Zudem wissen sie, dass das Zeitalter von Öl und Gas allmählich zu Ende geht.

Was würdest du tun, wenn du auf einem Schatz säßest, den du einfach nur ausbuddeln musst und dann sofort zu Geld machen kannst? Du hast eine Familie zu versorgen, und dein übriges Einkommen reicht dafür nicht. Außerdem weißt du, dass mit der Zeit der Wert deines Schatzes fallen wird, sodass er eines Tages nutzlos sein wird. Was würdest du tun?

Und genauso handeln die Öl- und Gasstaaten: Sie verkaufen ihre Rohstoffe sofort an andere, die sich dann über etwas niedrigere Preise freuen und ihren Ölverbrauch (etwa zur Herstellung von Kunststoffen) erhöhen. Dem Weltklima hilft dieses Vorgehen unterm Strich keineswegs.

DESWEGEN brauchen wir in Deutschland einen wirtschaftlich und sozial verträglichen Weg zum Ziel Klimaneutralität. Nur dann werden uns andere große Industrienationen auf diesem Weg begleiten. Das Pariser Klimaabkommen setzt an diesem Punkt an und ist deshalb von großer Bedeutung.

Wir in Deutschland können das Klima nicht allein retten. Mit gutem Beispiel vorangehen, das können wir natürlich, und das sollten wir auch. Und so handeln wir bereits, indem wir Innovationen und das Engagement vieler Unternehmen und Privatpersonen vorantreiben. Unsere nationale Klimapolitik ist eine Seifenblasenpolitik, solange wir sie nicht mit den führenden Industrienationen dieser Welt synchronisieren.

Das heißt nicht, dass man im privaten Bereich nicht etwas Gutes tun kann. So könnte es ein sinnvoller Beitrag sein, wenn man FREIWILLIG weniger Fleisch isst oder weniger Essen wegwirft. Schätzungen besagen, dass rund 6 Prozent des gesamten Treibhausgasausstoßes der Welt auf weggeworfene Lebensmittel zurückgehen.[18] Es ist auch sicherlich eine gute Idee, mehr Wege mit dem Rad zu bestreiten, anstatt jedes Mal das Auto zu nehmen. Ich sträube mich nur entschieden dagegen, dass uns der Staat vorgibt, wann und wie häufig wir uns umweltverträglich verhalten sollen. Die Denkweise, der Zeitgeist und das Konsumverhalten von Bevölkerungen sollten sich aus den Menschen heraus formen und nicht von oben diktiert werden. Denn andernfalls erinnert mich dies stark an die DDR.

Die Grünen haben ihre Wahlversprechen groß und hübsch formuliert. Beim Lesen überkommt mich das Gefühl, dass sie an alles und jeden in Deutschland denken und wir zudem noch die Welt retten. Zudem scheinen unsere Staatsfinanzen für alle Maßnahmen dieser Partei leicht zu reichen.

Hierin liegt die Krux der Seifenblasen: Sie sind hübsch anzuschauen, aber man kann sie weder essen noch trinken, und man kann auch nichts mit ihnen bezahlen. Und irgendwann zerplatzen sie einfach. Alles, was bleibt, ist ein hässlicher Spüliffeck.

WENIGER IST WENIGER – DEGROWTH IST NICHT SOZIAL, SONDERN ASOZIAL

»Weniger ist mehr«, heißt es oft so schön. Das trifft tatsächlich auf einige Dinge im Leben zu. Es ist allerdings häufig ein persönliches Empfinden. So gefällt dem einen unauffällige Kleidung besser als einem anderen, der gerne knallige Farben und Muster trägt. Ich schalte manchmal mein Handy für einen ganzen Tag aus und freue mich, diesen in der Natur zu verbringen, ohne Social Media und E-Mails, ohne Convenience Food und gekühlte Cola Light.

 Weniger kann mehr sein, insbesondere wenn man das Mehr auf Abruf haben kann.

In dieser Situation sind die meisten Menschen in Deutschland. Sie können wählen zwischen bunter und schlichter Kleidung. Sie können wählen zwischen rustikal im Wald und urban mit Cappuccino im Straßencafé. Über die ungesunde Nutzung von Social Media schrieb ich sogar kürzlich ein Buch: *Unfollow! Wie Instagram unser Leben zerstört.*[1] Mir tut es gut, wenn ich das Handy einen Tag zu Hause lasse und »entschleunige«. Es tut mir gut, weil mein Leben ansonsten ziemlich hektisch ist. Es gibt immer etwas zu tun, im Job, zu Hause, mit Freunden.

Ich bin in Deutschland geboren, einem Land, das zu den reichsten und sichersten der Welt gehört. Ich hatte eine unbeschwerte Jugend, frei von jeglichen Todes- oder Existenzängsten. So wie mir ging und geht es vielen Menschen. Dennoch gibt es einige, die unsere Gesellschaftsform nicht nur punktuell kritisch auf den Prüfstand stellen, sondern sie letztlich sogar gänzlich in Zweifel ziehen. Konkret bezieht sich die Kritik dieser Menschen pauschal auf unseren Kapitalismus und die Globalisierung, die vermeintlich nur wenigen Privilegierten nützen und zu wesentlichen gesellschaftlichen Ungerechtigkeiten und Schieflagen führen.

 Ich habe für diese Kapitalismuskritik mit Airpods kein Verständnis.

Der Kapitalismus und die Globalisierung sind ein Riesenerfolg. Tatsächlich wird die Welt ein immer besserer Ort. Gesünder, sicherer und wohlhabender. Kommt dir komisch vor? Das ist verständlich, denn durch die mediale Berichterstattung nehmen wir negative Ereignisse viel deutlicher wahr als Erfolge. Zudem erhaschen politische Parteien (wie unter anderem die Grünen) und Organisationen (wie zum Beispiel Fridays for Future) Aufmerksamkeit mit Angst und Dramatik. Es sei ihnen nicht verübelt, denn so funktioniert die Welt. Durch das Würdigen der bislang erreichten Erfolge lassen sich die Menschen nun einmal nicht zu den Wahlurnen locken, und erst recht wird dadurch keine Wechselstimmung im Land erzeugt. Darum geht es den Grünen aber derweil ...

Ich möchte gerne ein paar Fakten in diese Diskussion einbringen, die sicherlich sehr interessant für dich sind und im Moment nicht ausreichend Berücksichtigung finden. Mir hat die Auseinandersetzung mit den wesentlichen Fakten jedenfalls die Augen geöffnet und meine Wahrnehmung der Welt verändert.

Hierzu zitiere ich aus dem weltweit hochgelobten Bestseller *Factfulness* von Hans Rosling.[2] Der Autor war ein schwedischer Professor für internationale Gesundheit. Seine Datenbasis umfasst durchweg seriöse Quellen wie die Vereinten Nationen, Weltbank und den Internationalen Währungsfonds. Zudem gründete er das unabhängige Institut Gapminder, das es sich zur Mission gemacht hat, eine faktenbasierte Darstellung der Welt in die Öffentlichkeit zu tragen. Unterstützt wird die Organisation unter anderem von der Europäischen Kommission, UNICEF und der Weltgesundheitsorganisation.

Warum erwähne ich all dies? Weil die folgenden Aussagen die meisten von uns stark verblüffen dürften, da sie zunächst schier unglaublich wirken. Denn wir machen uns, mich bis vor Kurzem eingeschlossen, ein falsches Bild über den Zustand und vor allem über die Entwicklung unserer Welt.

Ich möchte dir zwei Fragen stellen:

1. In den letzten 20 Jahren hat sich der Anteil der in extremer Armut lebenden Menschen an der Weltbevölkerung ...
   a. Nahezu verdoppelt?
   b. Nicht oder nur unwesentlich verändert?
   c. Deutlich mehr als halbiert?

2. Wie hat sich die Zahl der Todesfälle pro Jahr durch Naturkatastrophen über die letzten 100 Jahre entwickelt?
   a. Sie hat sich mehr als verdoppelt.
   b. Sie ist in etwa gleich geblieben.
   c. Sie hat sich mehr als halbiert.

Durch meine Vorwarnung wirst du hier sicherlich gut abgeschnitten haben. Es ist tatsächlich in beiden Fällen Antwort c.

Rosling stellte diese und viele weitere Fragen Tausenden von Menschen und stellte fest, dass sie schlechter abschnitten als Schimpansen. Wenn man diese Fragen an einen Schimpansen richten würde, wäre seine Trefferwahrscheinlichkeit 33 Prozent. Doch wir Menschen haben solche starken Vorurteile, dass wir schlechter abschneiden als diese Tiere. Auch Wissenschaftler und Wirtschaftsbosse beantworteten die meisten Fragen unzutreffender als ein Zufallsgenerator oder eben ein Schimpanse.

Worauf will ich hinaus? Die Welt, so globalisiert und kapitalistisch, wie sie ist, wird ständig besser. Die Lebenserwartung steigt deutlich, immer mehr Kinder können zur Schule gehen, und es gibt immer weniger Kinderarbeit. Geht die Entwicklung schnell genug voran? NEIN. Es wäre natürlich besser, wenn die positiven Trends sich beschleunigen würden. Gibt es weiterhin unerträgliches Elend auf der Welt und nicht zu akzeptierende Ungerechtigkeiten? Auf jeden Fall! ABER als Gesellschaft befinden wir uns auf dem richtigen Weg, und deswegen ergibt eine Kehrtwende oder auch nur ein Abbiegen von diesem Kurs keinen Sinn. Wir müssen den Weg weiterverfolgen; wir müssen beschleunigen.

Wer sich also, ausgestattet mit einem Arbeits- oder Studienplatz und mit Airpods im Ohr, hinstellt und fordert, die Welt solle sich vom wachstumsgetriebenen Gesellschaftsmodell verabschieden, verhält sich asozial. Ich muss das so hart sagen, denn für Menschen in Entwicklungs- und Schwellenländern ist es keine Alternative, auf weltweites Wachstum zu verzichten. Wenn wir in Deutschland unsere Wirtschaft herunterfahren, werden die Welt und insbesondere die Entwicklungsländer davon nicht profitieren. Im Gegenteil: Das Weltwirtschaftswachstum und damit auch die Entwicklung in diesen Ländern würden gebremst.

Die Menschen würden, wenn überhaupt, nur langsamer aus ihren prekären Verhältnissen aufsteigen können. Die Beschäftigung nähme ab, Ungleichheit und Armut würden sich deutlich vermehren. Eine solche Situation können wir uns in Deutschland nicht ernsthaft wünschen. Das Konzept des Degrowth, also das Anhalten von wirtschaftlicher Entwicklung in Industrieländern, ist nicht sozial, sondern asozial und arrogant.

Zahlreiche Dokumentationen und Berichterstattungen aus armen Ländern prangern die Ausbeutung durch reiche Länder und deren Konzerne an. Ich kenne diese natürlich auch, und dort, wo Ausbeutung durch reiche Länder auftritt, bin ich die Erste, die für harte internationale Sanktionen plädiert. Ich sage auch nicht, dass alles optimal läuft auf dieser Welt. Es gibt schrecklich viel Leid und Ungerechtigkeit. ABER: Die Weltgeschichte hat bewiesen, dass man mit Kapitalismus viel mehr Wohlstand und Gesundheit schafft als mit irgendeinem anderen System.

Ich möchte den Grünen nicht unterstellen, Degrowth für Deutschland anzustreben. Dieses Konzept findet sich nirgends in ihrem Wahlprogramm wieder. Dennoch ist die romantisierte Vorstellung von einer entschleunigten Degrowth-Welt mit glücklichen Tieren eine Fantasie, die vermutlich nicht nur die Randgruppen dieser Partei hegen.

Richten wir unseren Blick wieder nach Deutschland. Auch bei uns gibt es soziale Brennpunkte, in denen Menschen mit wenig Geld auskommen müssen und sich vor hoher Kriminalität fürchten. Zum Wohl dieser Menschen, aber ebenso zugunsten der gesamten Gesellschaft, sollte der Staat dieser Gruppe finanziell und beratend helfen. Zudem bestehen in allen Gesellschaftsschichten soziale Härten, bei denen es für ein reiches Land wie Deutschland angemessen erscheint, zu unterstützen.

Vom Prinzip her sind wir uns in diesem Punkt vermutlich einig. Wenn wir uns anschauen, wie sich die gesamten Sozialausgaben über die Jahre entwickelt haben, muss ich, und wirst du wahrscheinlich jetzt auch, staunen:

Inzwischen geben wir in Deutschland über eine Billion Euro pro Jahr für Sozialleistungen aus. Das klingt nach viel und ist es auch. Da es uns in Deutschland aufgrund eines stetigen Wirtschaftswachstums sehr gut geht, ist es aus meiner Sicht angemessen und eine wünschenswerte Entwicklung, auch mehr Geld für Sozialleistungen auszugeben. Wenn der Kuchen größer wird, sollen auch alle mehr davon haben. ABER: Der für Sozialleistungen aufgewandte prozentuale Anteil an unserer Wirtschaftsleistung steigt leider mehr oder weniger konstant seit 50 Jahren. Das heißt im Umkehrschluss, dass immer weniger Geld für andere Investitionen wie Bildung, Straßen, Parks oder Verteidigung bleibt. (Anmerkung: Das ist der Fall, wenn der Verschuldungsgrad konstant bliebe, was aktuell nicht zutrifft, aber sicherlich langfristig eine gute Idee wäre. Denn endlos immer mehr Schulden aufzunehmen, kann nicht gut gehen.)

Und jetzt kommen die Grünen mit ihren rosigen Versprechungen: unter anderem neue Garantien bei der Rente und eine (bedingungslose) Grundsicherung. Das liest sich gut, birgt jedoch enorm hohe Kosten.

Beim Lesen des Wahlprogramms der Grünen frage ich mich ständig: Wer soll das alles bezahlen?

Konkrete Antworten bleibt diese Partei den Wählern schuldig. Die Optionen sind jedoch ziemlich einfach zu erkennen:

Option a.) mehr Schulden aufnehmen
Option b.) Steuern für alle deutlich erhöhen
Option c.) sehr starkes Wirtschaftswachstum generieren

Natürlich kann es auch eine Kombination aus den drei Optionen sein. Ich möchte sie aber der Einfachheit halber einzeln kommentieren.

Mehr Schulden: Da wir in einer historischen Niedrigzinsphase leben, kann man argumentieren, dass es ökonomisch sinnvoll ist, heute günstiges Geld zu leihen und es für die Zukunft sinnvoll zu investieren, etwa in Infrastruktur, Forschung und Bildung. Wenn man also heute Investitionen tätigt, die ohnehin irgendwann anstehen, ist es klug, die günstigen Finanzierungsmöglichkeiten zu nutzen. ABER: Wie das mit Schulden so ist, muss man die halt auch zurückzahlen. Das geht nur über ein hohes Steueraufkommen. Und dieses entsteht nur, wenn wir, das heißt unsere Wirtschaft, weiter kontinuierlich wachsen und Deutschland auch künftig der weltweit beachtete, möglicherweise sogar beneidete, Wirtschaftsstandort bleibt.

Steuern erhöhen: Wenn wir nicht mehr weiter wachsen würden und dennoch mehr Steuern aufbringen müssten, um beispielsweise unsere Schulden zu bezahlen, bliebe nur die Erhöhung der Steuersätze. So vorzugehen hat aber eine Grenze, die jetzt eigentlich schon erreicht ist. In einem Land, in dem die Steuerlast 60 oder 70 Prozent erreichen würde, würde niemand mehr arbeiten und leben wollen. Die Wirtschaft würde zusammenbrechen. So weit wird es hoffentlich nicht kommen, weil unser Verfassungsgericht solche Auswüchse unterbinden würde. Es bleibt also bei den Steuern keine Luft nach oben. Dies sollte eigentlich auch ohne Einschalten des Verfassungsgerichts verständlich sein, schließlich ist Deutschland bereits heute weltmeisterlich bei Steuern und Abgaben. Weitere Steuererhöhungen können daher keine Option sein.

Wirtschaftswachstum: Der schönste, nachhaltigste und gerechteste Weg, einen großzügigen Sozialstaat zu finanzieren, ist ein kontinuierliches Wirtschaftswachstum. Unternehmen und Mitarbeiter verdienen in einer solchen Lage alle mehr Geld, und bei gleichbleibenden Steuersätzen werden auch mehr Steuern in die Staatskassen gespült.

Ich will das Thema Sozialstaat mit dem Bild eines Kuchens wie folgt zusammenfassen (es ist dabei egal, ob man für oder gegen eine Ausweitung des Sozialstaats ist; es geht um Logik):

Unsere Staatsausgaben sind ein großer runder Kuchen. Die eine Hälfte des Kuchens ist in viele kleine Stücke geschnitten. Die andere Hälfte ist ein Riesenstück – unsere Sozialausgaben. Die Grünen und alle linken Parteien versprechen ein noch größeres Kuchenstück für den Sozialstaat. Nun ergeben sich folgende Möglichkeiten:

Ich leihe mir ein Kuchenstück vom Nachbartisch und esse es auf. Ich muss aber in Zukunft ein Stück zurückgeben und weiß noch nicht, ob ich die Zutaten dafür jemals haben werde, die nachfolgenden Generationen werden sich darum kümmern müssen. Ergo ist es etwas riskant, sich so zu verhalten, und manche würden sagen, es ist dreist.

Die zweite Möglichkeit ist, dass ich von den kleinen Stücken (Bildung, Infrastruktur, Verteidigung und so weiter) überall noch etwas mehr abschneide und diese Ministücke dann zu dem großen Sozialstaatstück dazulege.

Die dritte Möglichkeit ist, über einen insgesamt größeren Kuchen zu verfügen, sodass alle Stücke von alleine größer werden. Einen solchen Kuchen kann der Staat aber nicht backen. Denn ihm ist es in einer entwickelten Industrienation wie Deutschland unmöglich, ein hohes Wirtschaftswachstum, sprich einen größer werdenden Kuchen, zu verordnen. Er kann und sollte sich allerdings viel Mühe geben, ein Umfeld zu schaffen, in dem ein größerer Kuchen entstehen kann.

Warum schildere ich diese Optionen in solcher Breite? Weil der einzige Weg zu einem noch sozialeren Staat ein nachhaltiges, starkes Wirtschaftswachstum ist.

Für die Menschen in armen Ländern und für die Menschen in Deutschland, die die Unterstützung des Staates benötigen, ist ein starkes Wirtschaftswachstum die einzige vernünftige und gerechte Lösung.

Ich hoffe, dass dir meine Argumentation hilft, wenn sich demnächst einmal wieder jemand wachstumskritisch äußert. Aussagen wie:

»Das ständige Wachstum ist doch schlecht für die Umwelt und die Menschen.«

oder

»Die Wirtschaft macht nur die da oben reich, und alle anderen gehen leer aus.«

oder

»Wer braucht dieses ganze Wachstum überhaupt?«

kommen unschuldig und sozial daher, sind aber brandgefährlich.

> **Weniger ist weniger — und Degrowth ist nicht sozial, sondern asozial!**

»GRÜN MUSS MAN SICH LEISTEN KÖNNEN« – EIN GESPRÄCH MIT JAN FLEISCHHAUER

Ein Buch bietet einem Autor in vielerlei Hinsicht große Möglichkeiten. Ein Privileg ist, in Gänze abdrucken zu können, was einen berührt. Schließlich ist man selbst der Chefredakteur, von der ersten bis zur letzten Seite. Ich habe seit der Veröffentlichung meines letzten Buches viele Persönlichkeiten interviewt, aber keine Begegnung hat mich derart zum Nachdenken angeregt wie mein anderthalbstündiges Zoom-Meeting mit dem *Focus*-Kolumnisten und Bestsellerautor Jan Fleischhauer.

Kein Wunder, ist er doch einer der brillantesten Journalisten unseres Landes und zudem eine Persönlichkeit mit hohem Widerspruchsgeist. Entstanden ist ein launiges Gespräch, das einem Ritt durch die gesellschaftlichen Themen unserer Zeit gleicht: Feminismus, alte weiße Männer, die überreizte Gesellschaft, Kanzlerkandidatin Annalena Baerbock und der Opportunismus der Partei Bündnis 90/Die Grünen.

Wir teilen dasselbe Schicksal, Herr Fleischhauer: Die Gesell-
schaft steckt uns in Schubladen. Sie: alter weißer Mann. Ich:
junge blonde Frau. Wie geht es Ihnen mit Ihrem Label?

Widerspruch: Die Gesellschaft steckt mich überhaupt
nicht in diese Schublade. Wenn jemand versucht, mich
in diese Schublade zu stecken, sind das Leute, die sich
im Meinungskampf einen Vorteil erhoffen, wenn sie
mir so ein Label verpassen. Nach dem Motto: Sei mal
ganz stille, jetzt kommen wir. Junge blonde Frau ist da
gesellschaftlich schon gängiger. Sorry, dass ich das so
sage.

Für die Feministin Sophie Passmann sind Sie das Sinnbild
für einen »alten weißen Mann«. Im Gespräch zwischen
Ihnen beiden kam es mir so vor, als würde Frau Passmann
Sie wie einen störrischen Schüler behandeln. Etwa wenn Sie
fragen: »Worum geht es bei der Kampagne, die Frauen wie
Sie vorantreiben wollen?«, und die Autorin antwortet: »Das
Ziel ist Gleichberechtigung. Ich weiß, da kriegen Sie direkt
so einen Kirchentagsschauer. Gleich singen wir!«

Das war meine Rolle in dem Gespräch. Die Frage ist
ja, inwieweit »alter weißer Mann« überhaupt an das
Geschlecht gebunden ist. So wie ich Frau Passmann
verstanden habe, bekommt das Label, wer besonders
verstockt ist oder sich auf dem Erreichten ausruht. Es
können also auch Frauen alte weiße Männer sein.

Woher kommt überhaupt dieses Feindbild »alter weißer Mann«?
Wir Männer reden da nicht so gern drüber, aber nichts fürchtet ein Mann mehr, als irgendwie als alt und abgehängt zu gelten. Deshalb funktioniert das ja auch als politisches Schreckwort so gut. Sie müssen das einem Mann nur entgegenschleudern, und er wird alles tun, um Ihnen zu zeigen, dass Sie falschliegen.

Braucht jede gesellschaftliche Debatte ein Feindbild?
Wenn man eine politische Mission hat, ist es sicher hilfreich, ein Feindbild zu haben. Das bringt einen morgens in Wallung. Gegen irgendetwas muss man anrennen, sonst kann man ja gleich liegen bleiben. Brauchen wir als Gesellschaft Feindbilder? Da bin ich wiederum im Zweifel. Wir reden so viel über die Spaltung der Gesellschaft, aber ich glaube, die ist lange nicht so ausgeprägt, wie oft behauptet wird.

Nicht? Ich empfinde unsere Gesellschaft schon als arg überhitzt, auch mit Blick auf den Geschlechterkampf.
Ein kleiner, sehr lautstarker Teil wird immer aufgeregter, das stimmt. Aber die Mehrheit doch nicht, die hat ganz andere Probleme als den Geschlechterkampf. Man darf nicht den Fehler machen, die kleine laute Gruppe mit der Gesellschaft gleichzusetzen.

*Privat leben Sie die Gleichberechtigung. Sie sind vor weni-
gen Wochen erneut Vater geworden. Ihre Frau ist berufstä-
tig. Die Kinder bringen Sie in den Kindergarten.*

Ja, meine Frau arbeitet zwischen 50 und 60 Stunden
die Woche. Das bedarf einer gewissen Organisation.
Letztens gab es einen Talk auf der Social-Media-Platt-
form Clubhouse. Alle schienen wahnsinnig viel Zeit
zu haben. Um 19 Uhr habe ich mich verabschiedet,
um den Kindern das Abendbrot zu machen. Daraufhin
sagte die Moderatorin, das sei ja wieder typisch, dass
ich als Mann das extra erwähnen müsste. Sie würde das
nebenbei erledigen und dabei auch noch drei Wasch-
maschinengänge auf den Weg bringen. Ich fand das ein
bisschen sexistisch. Ich dachte, wir wären schon so weit,
dass man als Mann sagen darf, dass man für die Familie
das Abendbrot macht.

*Der gepriesene Feminismus nimmt teilweise absurde For-
men an. Am Anfang meiner journalistischen Laufbahn
plädierte ich in Gesprächsrunden stets dafür, nur Frauen
zu interviewen, die Männer hätten ja eh genug Präsenz.
Rückblickend war das antifeministisch. Schließlich besagt
der Feminismus ja nichts anderes, als dass Männer und
Frauen gleichbehandelt werden. Meine spannendsten
Gesprächspartner waren rückblickend männlich. Bizarr
oder?*

Das kann ich von mir nicht behaupten. Für den *Spiegel* habe ich einige Male Alice Schwarzer getroffen. Es war immer ein großes Vergnügen.

Ich spreche mit Persönlichkeiten besonders gerne über ihren Weg zum Erfolg. Was reizt Sie bei der Auswahl von Interviewpartnern?
Mich interessiert weniger der Erfolg, sondern was Menschen dazu bringt, aus der Reihe zu fallen, ihre Obsessionen und Zwangsvorstellungen. Als ich noch beim *Spiegel* war, wurde allen Kollegen ein Gebiet zugeteilt: Grüne, AfD, Klima. Bei mir stand: Außenseiter, Exzentriker und aus der Welt Gefallene. Bei den Geschichten von Personen, über die kollektiv der Daumen gesenkt wird, da will ich mehr erfahren. Und dann interessiert mich, wenn Menschen gegen alle Widerstände ihr Thema auf die gesellschaftliche Agenda setzen. Das hat etwas Inspirierendes.

Greta Thunberg wäre eine solche Person.
Ja, da entstand fälschlicherweise der Eindruck, dass ich etwas gegen sie hätte, weil mein Buch *How dare you* heißt. Das ist aber nicht abwertend gemeint. Mit 16 Jahren eine Weltbewegung begründet zu haben: Wer kann das von sich sagen? Wie sie sich vor die Vereinten Nationen gestellt hat, um den Staatenlenkern den Marsch zu

blasen: großartig. Das glich Jesus im Tempel. Das ist ja an den Grünen so schrecklich, immer diese Attitüde, sie seien so wahnsinnig widerständig – aber wenn es eine angepasste Truppe da draußen gibt, sind es die Grünen. Was ist der Grund für die meisten Menschen, grün zu wählen? Weil es die anderen auch tun. Die Grünen sind die ideale Partei für Opportunisten.

Sie bekennen sich öffentlich zur FDP.
Wenn ich früher gesagt habe, ich wähle die FDP, haben die Leute gedacht, ich mache einen Scherz. Bis zu dem Zeitpunkt galt ich als exzentrisch, ab dem Zeitpunkt, da ihnen dämmerte, dass ich es ernst meinen könnte, als verrückt.

Bedeutet: Sie sympathisieren mit Menschen, die anecken, weil Sie selbst auch anecken. Das ist logisch: Man mag immer Gleichgesinnte.
Das wäre zu viel Eigenlob. Ich bin stark geprägt durch die 70er-Jahre, in denen das Revolutionäre und Widerborstige hoch im Kurs stand. Vielleicht bin ich im Herzen doch ein Linker.

Sie empfinden das als Lob. Es gibt auch Menschen, die gerne angepasst sind. Ich würde sogar sagen, dass der Großteil der Gesellschaft die Anpassung präferiert.

Es ist ja eher die Ausnahme, dass jemand sagt: »Ich liebe es, angepasst zu sein.« Das ist ja das Geniale an den Grünen. Es gibt keine Partei, die immer dabei ist, aber nie verantwortlich. Sie sitzen in 8 von 16 Landesregierungen. Aber wenn es darum geht, auf die Straße zu gehen, um zu zeigen, wie schlimm man alles findet, sind die Grünen sofort mit dabei. Sie sind die einzige Partei, die es schafft, gegen eigene Gesetze zu demonstrieren. Und niemand nimmt es ihnen übel.

Absolut. Viele vergessen auch, dass kaum eine Partei so harte Corona-Maßnahmen wie die Grünen forderte.
Und doch erhoben die Grünen im Bundestag mahnend den Zeigefinger: »Aber passt ja auf die Bürgerrechte auf.«

Die Grünen sind dennoch sehr beliebt.
Vielleicht sollte ich mich neu erfinden: der Robert Habeck aus Pullach. Also ab jetzt keine Witze mehr, die sind streng verboten. Wenn überhaupt, nur noch über das Richtige lachen, und ganz viele Pferdefotos posten.

Bloß nicht. Ich kann dem grünen Ideologie-getriebenen Lifestyle wenig abgewinnen. Wir hatten letztens für einen Monat ein Elektroauto. Es war fürchterlich – ohne die Möglichkeit, zu Hause zu laden, ist das realitätsfern.

Die Wahrheit ist, dass die meisten Diskussionen, die
da geführt werden, eine ganz kleine Gruppe betreffen.
Die Grünen sind Klientel-, nicht Volkspartei, das darf
man nie vergessen. Bei dem Elektroauto, von dem wir
reden, geht es um den Zweitwagen. Deswegen gehen ja
auch die Emissionen trotz Elektroboom nicht zurück.
Am besten hat man noch eine eigene Garage mit Strom-
anschluss. Das geht an so wahnsinnig vielen Leuten
vorbei, die gar nicht das Geld haben, über einen Zweitwagen, geschweige denn eine eigene Ladestation nach-
zudenken. Ich lasse mir jetzt übrigens eine Solaranlage
aufs Dach bauen.

Wirklich? Damit hätte ich jetzt nicht gerechnet.
Doch, klar, ich führe mein grünes Selbstverbesserungs-
programm komplett durch. Wenn Annalena das Kanzleramt übernimmt, soll meine Energiebilanz sauber
sein. Es gibt Paneele auf der Süd- und auf der Nord-
seite. Ich bin jetzt voll autark. Das wird hier in Pullach
auch ordentlich gefördert. Mit 20 Prozent. Da habe ich
gesagt, da bin ich dabei.

*Das finde ich gut: Incentives anstelle von Verboten. Doch die
Grünen wollen verbieten.*
Nee, nee, die machen schon was, da geht jetzt viel über
Subventionen. Aber Grün muss man sich halt leisten

können. Die Wahrheit ist doch: 70 Prozent der Deutschen besitzen gar kein Eigenheim, worauf eine Solaranlage errichtet werden könnte.

Die Grünen sind ein Eliteprojekt. Die klimagerechte Gesellschaft ist nichts für arme Schlucker. Um mithalten zu können, braucht man nicht nur das richtige Bewusstsein, sondern auch die entsprechenden finanziellen Mittel.

Ich stimme Ihnen zu und musste sehr über die Vorstellung Ihrer jüngsten Tochter auf Social Media schmunzeln: »Nach der Kandidatur von Annalena Baerbock als Kanzlerin bleibt mir nur ein Weg: Die Sache selbst in die Hand nehmen. Darf ich vorstellen: Pauline Fleischhauer. Ich will mir später nicht vorhalten lassen, ich hätte echt nicht alles versucht.« Welche Frauen bewundern Sie?

Neben Alice Schwarzer? Sie war die erste Feministin, die ich kennengelernt habe und die einen bleibenden Einfluss auf meine Erziehung hatte, schon bevor ich sie kannte, weil meine Mutter immer die Emma abonniert hatte. Ich bewundere meine Freundin Ildikó von Kürthy sehr, eine absolute Selfmadefrau. Sie schreibt einen Bestseller nach dem anderen. Die hat ein Haus in der teuersten Gegend von Harvestehude. Nicht, weil sie geerbt hat, wie es ihr Name vermuten lässt. Sie hat sich alles selbst erschrieben. Das muss ich erst mal hinbekommen.

Wenn man den Gerüchten im Medienumfeld Glauben schenkt, ist Ihr eigenes Einkommen sehr hoch. Journalismus scheint finanziell kein schlechtes Metier zu sein.

Es wird im Journalismus immer Menschen geben, die ordentlich Geld verdienen, weil sie mit Glück oder Können auf eine Position gelangt sind, die entsprechend entlohnt wird. Das gibt es in jedem Berufsfeld. Im Journalismus ist das mit dem Geldverdienen wie in vielen kreativen Bereichen nur schwieriger. Wenn Sie jetzt meine Tochter wären und sagen würden: »Ich will vom Malen leben«, würde ich sagen: »Ja, mach das, aber sei dir im Klaren darüber, es gibt wenige, die Neo oder Neo-line Rauch werden.« Und sei nicht unglücklich, wenn es am Ende bei 1800 Euro im Monat bleibt.

Die Regel für Erfolg lautet: Follow your passion and money will follow.

Das stimmt, aber ich würde ergänzen: Sei auch realistisch. Sie und ich, Frau Schink, lieben unseren Beruf und gehen darin auf. Meine Frau erinnert mich immer wieder gerne daran, wie sie darauf drängte, dass ich sie in die Entbindungsklinik fahre, und ich sagte: Warte noch zwei Minuten mit den Wehen, die Kolumne ist noch nicht ganz fertig. Andere Ehen würden das nicht so schnell überleben.

Familie ist ein gutes Stichwort. Sie werden in diesem Gespräch bemerkt haben, dass ich Ihr Fan bin. Sie und Gabor Steingart sind meine journalistischen Vorbilder. Aber, wissen Sie, was mich an Ihnen stört? Ihre Sicht auf Frauen und Karriere. Insbesondere als Sie in einer Kolumne schrieben: »Frauen nutzen die Gelegenheit Familienleben, um aus dem Erwerbsleben auszusteigen.« Machen Sie es sich da nicht zu einfach?

Finde ich gar nicht. Natürlich bin ich dafür, dass der Staat eine entsprechende Betreuungsinfrastruktur bereitstellt, aber Chefposten? Da muss man sich schon entscheiden. Entweder Chefin beim Dax-Konzern oder die Kinder versorgen. Mein Vorschlag: Entscheiden Sie sich für den CEO-Posten und treffen Sie mit ihrem Mann das Arrangement, dass er sich um die Kinder kümmert. Was mich an der Diskussion stört: Weil wir zu feige sind, rechtzeitig in der Privatbeziehung für Klarheit zu sorgen, soll der Staat einspringen und das klären, was wir uns zu klären nicht trauen.

An dieser Stelle muss ich Ihnen vehement widersprechen. Ich habe selbst keine Kinder, aber bemerke leider zu oft, wie schwer es für Mütter ist, Karriere zu machen. Insbesondere,

*weil die Mütter meist viel härter arbeiten als ich ohne Kinder
und Verpflichtungen.*
Ja, gegenüber Müttern gibt es eindeutig Diskriminie-
rung. Wenn jemand Mutter wird, ändern sich sofort die
Gespräche im Kollegenkreis. Es wird nicht mehr über
das Projekt gesprochen, sondern über die Schwanger-
schaft. Meine Frau ist dazu übergegangen, so zu tun,
als sei sie gar nicht schwanger. Ab dem zweiten Kind
wird es übrigens besser. Dann tritt ein gewisser Gewöh-
nungseffekt ein.

Wie kann der Feminismus mehr Menschen abholen?
Es sind doch längst alle dafür. Gegen Feminismus zu
sein ist, wie dafür zu sein, dass die Eisbären sterben.
Es sind alle FÜR Feminismus und GEGEN den Klimawandel. Okay, ich bin für den Klimawandel, notgedrun-
gen. Ich habe ganz auf Luisa Neubauers Prophezeiung
gesetzt, dass es nicht mehr regnen und uns staubtro-
ckene Sommer mit 35 Grad bevorstehen würden. Also
habe ich mir einen Pool in den Garten setzen lassen.
Wozu mein Geld noch für Spanien ausgeben? Wenn es
jetzt regnet, dann bin ich echt gekniffen. Dann schaue
ich persönlich bei Frau Neubauer vorbei und fordere
mein Geld zurück.

Welche Werte wollen Sie Ihren Kindern mitgeben?

Den respektvollen Umgang mit anderen. Ich wünsche
mir, dass meine Kinder erkennen, dass es ganz viele
Varianten gibt, auf die Welt zu blicken und auch entsprechend zu leben.

Letzte Frage: Inwiefern prägt Herkunft?
Mein Vater war Doktor der Kunstgeschichte, Journalist – meine Mutter seit 1963 aktives SPD-Mitglied. Ob
mich meine Herkunft geprägt hat? Aber hallo hat mich
meine Herkunft geprägt. Natürlich prägt es, wenn man
in einem Haushalt aufwächst, wo es nicht nur zwei
Bücher gibt, sondern tausende, und wo das Abendpro-
gramm nicht darin besteht, dass man RTL2 schaut. So
wie andere stolzer Arbeiter sind, bin ich stolzer Bil-
dungsbürger. Ich fand an einem ordentlichen Klassen-
bewusstsein noch nie etwas auszusetzen, auch das ist
vermutlich ein Erbe meiner linken Erziehung.

KONSERVATIV ALS SCHRECKGESPENST

Wenn man heutzutage jemanden so richtig beleidigen will, scheint »konservativ« zumindest für Teile der Bevölkerung ein gängiges Schimpfwort zu sein.

Setzen doch viele Menschen, insbesondere aus meiner Generation oder aus dem Kulturbetrieb, Konservativismus gern mit einer hinterwäldlerischen Lebenseinstellung gleich. Die gängige Meinung lautet: konservativ zu sein ist nicht hip, nicht am Puls der Zeit.

Als sei das nicht genug, werden Konservative oft dem rechten Spektrum zugeordnet. Der eine oder andere Mensch mit dieser Einstellung muss sich in den sozialen Medien gar als »Nazi« beschimpfen lassen. Das ist gleich auf mehreren Ebenen absurd. Lass uns zunächst einmal anschauen, was konservativ eigentlich bedeutet:

Das Wort leitet sich vom lateinischen conservare »erhalten«, »bewahren«, oder auch »etwas in seinem Zusammenhang erhalten« ab. Dem Konservatismus liegt »der Gedanke einer auf friedliche Evolution hin angelegten politischen und geistigen Kontinuität und einer Orientierung an bewährter, historisch gewachsener Tradition«[1] zugrunde.

Konservative wollen nicht nur bewahren, sondern erhaltenswerte Zustände und Institutionen stetig erneuern.

Doch »das Neue muss argumentativ und praktisch beweisen, dass es Besserung, Linderung und mehr Menschenzuträgliches schafft. Konservative wissen: Traditionen und vermeintlich oder wirklich Überkommenes lassen sich schnell zerstören, aber nur selten wieder instandsetzen«.[2]

Das bedeutet: »Konservative sind Frauen und Männer, die wissen, dass die Errungenschaften der Freiheit, der Gleichheit aller Menschen und der Mitmenschlichkeit fragil sind und täglich neu errungen werden müssen. Konservative lehnen Ideologien nicht einfach ab, sondern setzen sich mit ihnen kritisch auseinander und führen sie aus einer überlegenen Position heraus ad absurdum.«[3]

Dementsprechend zeugt grundsätzliches Zögern, mit dem Wunsch zu erhalten, NICHT von Feigheit, sondern von gesammelter Erfahrung.

Beispielsweise war Otto von Bismarck ein Konservativer, dessen revolutionärer Akt von einer preußisch-konservativen Grundhaltung getragen wurde. Auch CSU-Politiker Franz Josef Strauß stellte seinerzeit fest, konservativ zu sein, heiße »an der Spitze des Fortschritts«[4] zu marschieren.

Für mich ist jedoch das ENTSCHEIDENDE Kriterium, warum konservativ nicht länger als politisches Schreckgespenst oder gar Schimpfwort missbraucht werden sollte: Konservativ ist das Gegenteil von rechtsextrem.

Wer wahrhaftig konservativ ist, kann NIEMALS ein Rechter im Sinne eines Populisten oder Extremisten sein. Es ist eine gefährliche Entwicklung unserer Gesellschaft, dass sie konservativ vorschnell mit rechts, außerhalb des demokratischen Spektrums, gleichsetzt.

Die protestantische Theologin Petra Bahr formulierte es in einem Leitwort der Wochenzeitung *Zeit* einmal treffend, warum es so wichtig ist, das Konservative richtig zu verstehen und die Interpretation nicht einzig dem rechten Rand zu überlassen: »Der Vorschlag auf seinen Gebrauch künftig zu verzichten, führt allerdings nur dazu, denen die Deutungshoheit über das Konservative zu überlassen, denen es um das Gegenteil geht: eine autoritäre Ordnung, die die bestehenden Verhältnisse auf den Kopf stellen will, die Verunsicherung und Chaos den Vorzug gibt, wenn es den eigenen Interessen dient.«[5]

Der ehemalige Bundespräsident Joachim Gauck plädierte 2019 in Bezug auf Deutschland für eine »erweiterte Toleranz in Richtung rechts«.[6] Toleranz fordere, »nicht jeden, der schwer konservativ ist, für eine Gefahr für die Demokratie zu halten und aus dem demokratischen Spiel am liebsten hinauszudrängen«, sagte Gauck dem *Spiegel*. Man müsse zwischen rechts – im Sinne von konservativ – und rechtsextremistisch oder rechtsradikal unterscheiden.

Es gilt nicht nur, zwischen konservativ und rechtsextrem zu unterscheiden. Im Konservatismus gibt es, wie in jeder politischen Ideologie, verschiedene Ausrichtungen, beispielsweise den Wertkonservativismus, den angelsächsischen Konservativismus oder den Neokonservativismus.

Nehmen wir als Beispiel die politische Strömung Neokonservativismus. Der verstorbene US-Politikwissenschaftler und Pate des Neokonservativmus Irving Kristol definierte einst einen Neokonservativen als einen Liberalen, der von der Realität überfallen wurde: »mugged by reality«.[7]

Neben diesem Bonmot definierte Kristol einen Neokonservativen mit drei Charakteristika: erstens als jemanden, der den Kapitalismus verteidigt, weil er die größtmögliche persönliche Freiheit erlaubt. Zweitens als einen Menschen, der die Deregulierung befürwortet, weil sie Wachstum fördert und damit den Wohlstand auch für die unteren Schichten ermöglicht. Drittens als eine Person, die den Kommunismus als Negierung von Freiheit und Wohlstand bekämpft.

Als Irving Kristol 2009 verstarb, würdigte die *Welt* ihn mit den Worten: »Irving Kristol stand für eine intellektuell brillante, kosmopolitische und im besten Sinne liberale Variante des Konservatismus, der Pate der Neocons wird auch nach dem Ende der Ära, die er geprägt hat, in Deutschland vor allem von jenen betrauert und weiterhin gelesen, die von einem schwarz-gelben Bündnis träumen.«[8]

Ich bin mir sicher: Zu viele Kritiker des Konservatismus wissen nicht einmal, wer Irving Kristol war, oder dass diese politische Ideologie verschiedene Strömungen beinhaltet.

Man muss den Konservatismus nicht gutheißen, doch sich in die Rolle des Kritikers zu begeben, sollte auch immer heißen, dem politischen Kontrahenten respektvoll gegenüberzutreten. Um die vermeintliche politische Gesinnung von anderen zu bewerten, muss man zunächst bereit sein, sich mit der Thematik und den verschiedenen Strömungen auseinanderzusetzen. Du bist das allemal, lieber Leser, sonst würdest du dich diesen Seiten sicher nicht widmen. Und wenn mir demnächst wieder eine Freundin schreibt: »Du bist wirklich viel konservativer als ich«, werde ich mit einem Lächeln auf den Lippen zurückschreiben: »Glücklicherweise.«

WARUM WIR DIE SOZIALE SCHERE BRAUCHEN

Meinen Vater trieb der Traum an, dass es seinen beiden Töchtern später einmal gut gehen sollte, besser als ihm in seiner Jugend. Man mag es das Streben nach Erfolg nennen, den er sich für seine Kinder vorstellte. Und es ist ihm gelungen. Wie hat er das geschafft? Mit Disziplin, Leistung und unbändigem Arbeitswillen.

Noch heute sind für ihn, mit 59 Jahren, 60 Stunden Arbeit pro Woche nicht selten, sondern die Norm. Vermutlich, weil er sich früh bewusst war, dass man sich Bildung und finanzielle Unabhängigkeit hart erarbeiten muss. Dieses Wissen trieb ihn an.

Er, der mit 15 Jahren die Schule verließ, um den Beruf des Drehers zu erlernen, sorgte engagiert dafür, dass seine beiden Töchter sich frei entfalten konnten. Wenn es um eine bestmögliche Ausbildung für mich und meine Schwester ging, spielte Geld nie eine Rolle für ihn.

Ich werte es als seinen Sieg, dass ich als Erste in seiner Familie studierte und die prestigeträchtige Universität Maastricht mit Bravour absolvierte. Ich war mir dieses Privilegs jeden einzelnen Tag bewusst, lernte dementsprechend hart und war stets eine der Letzten, die in der Bibliothek über den Büchern saß. Meine akademischen Erfolge sind die seinen, und meine Herkunft hat mich gelehrt, dass ein gutes Einkommen Freiheit mit sich bringt.

Ich bin nicht grün ist nicht das erste Buch, in dem ich über den Lebensweg meines Vaters schreibe, der mich sehr geprägt hat. Ich schilderte diesen bereits in meinem Erstlingswerk *Unfollow*,[1] und die feministische Plattform *Edition F* sprach mich auf ihn an. Nach einigen belanglosen Fragen konfrontierte mich die Journalistin Elina Penner mit meiner Herkunft: »Du selbst gehst auch an einer Stelle auf deine Privilegien ein«, erklärte sie und zitierte aus meinem Buch: »Und dann ist da mein Vater, der immer für mich da ist. Emotional. Und finanziell. Er ist mein Vorbild. Mit fünfundvierzig Jahren hat er sich selbstständig gemacht. In einem Alter, in dem andere Menschen anfangen, die Rente herbeizusehnen, baute er seine Firma auf. Urlaube gab es für uns, aber nie für ihn. Durch seinen Fleiß ermöglichte er mir und meiner Schwester ein privilegiertes, sorgenfreies Leben: Studium in Maastricht, eigene Wohnung, unbezahlte Praktika, Fernreisen und Luxusartikel. Im Gegensatz zu anderen Studenten musste ich nie Angst haben, am Monatsende kein Geld mehr zu besitzen.«[2]

Ihre Lektüre meines Buches mündete in einer von Vorurteilen getränkten Aussage: »Ich war mir beim Lesen nicht sicher, ob ich dich dafür loben soll, dass du, wie die Jugend sagt, dein Privileg checkst, oder wütend werden soll, weil in diesem Fall deine Existenz und dein Werdegang bestätigt wurden.«

Meine Antwort glich einer Entschuldigung: »Meine Herkunft hat mein ganzes Leben beeinflusst. Ich bin absolut der Meinung, dass nicht jeder Mensch die gleichen Chancen hat, und das ist schlimm, furchtbar, und ich würde gerne etwas dagegen unternehmen. Ich war früher in einer Unternehmensberatung tätig und habe mit 23 Jahren sehr gutes Geld verdient, wollte aber immer Journalistin werden. Irgendwann war der Traum so groß, dass ich eine Zeitung nicht mehr anfassen konnte, weil ich so neidisch war und meinen Job sehr gehasst habe. Wenn mein Vater nicht gesagt hätte, mach das, ich finanziere dein Leben während der Journalistenschule, hätte ich das nie machen können. Das heißt, ohne meine Herkunft wäre ich heute keine Journalistin. Ich bewundere Menschen, die es schaffen, sich das alles selbst zu erarbeiten. Ich bin unglaublich stolz auf Freundinnen von mir, die sich ihr Studium selbst finanzieren. Ich hätte die Power nicht gehabt. Ich hätte meinen Job nie gekündigt, wenn mein Vater nicht gesagt hätte, er zahlt mir meine Miete.«[3]

Heute schäme ich mich für meine Antwort. Es ist eines der wenigen Statements, die ich rückblickend gerne zurückziehen würde. Der Grund: Ich übte mich in Selbstzensur und entschuldigte mich quasi dafür, dass mein Vater mich finanziell stets unterstützt hat. Ich wollte bei diesem kontroversen gesellschaftlichen Thema nicht anecken und keinesfalls meine wahren Überzeugungen preisgeben.

Heute weiß ich, dass ich der Journalistin hätte beschreiben sollen, wie hart er dafür gearbeitet hat, härter als viele andere. Vor allem hätte ich meinen Ärger darüber ausdrücken müssen, dass jemand wütend sein könne, weil mein Vater etwas aus seinem Leben gemacht hat.

Auch hätte ich ihr rückblickend gerne entgegnet, dass wir, so hart es klingen mag, die soziale Schere in Deutschland brauchen. Denn nur so verspüren Menschen den Antrieb, nach vorne zu streben. In einer Welt, in der alle gleich sind, eröffnen sich weder Aufstiegsmöglichkeiten noch Anreize, für ein besseres Leben zu kämpfen. Ohne soziale Schere gäbe es kein besseres Leben.

Wenn alle gleich sind und keiner über Privilegien verfügt, erbringen alle nur dieselbe geforderte Arbeitsleistung. Keiner geht mehr ans Limit. Warum sollten Menschen ohne unterschiedliche Lebensstandards in diesem Fall zu den Sternen greifen?

Für die Erhaltung Deutschlands als Industrienation ist es essenziell, dass sich nicht nur Arbeit, sondern auch Wohlstand lohnt.

Schon heute gibt es kaum ein Land mit höheren Steuern. Es reicht!

Ich schreibe diese Sätze in dem tiefen Bewusstsein, dass ich dafür vermutlich einen Shitstorm ernten werde. Auch wenn meine Herkunft mir natürlich ein Stück weit die Freiheit gibt, mich so zu äußern. Man stelle sich vor, ich käme aus einer Millionärsfamilie, deren Reichtum über Generationen vererbt wurde. Der Aufschrei wäre gigantisch. Ich sehe die provozierende Schlagzeile schon vor mir: »Junge Erbin (28) möchte, dass arme Menschen arm bleiben.«

Der öffentlichen Meinung zufolge darf NIEMAND sagen, dass die soziale Schere durchaus ihre Vorteile hat. Ja, dass wir sie als führende Industrienation brauchen. Die »Privilegierten« dürfen es schon gar nicht behaupten, ohne schief angeschaut zu werden. Politische Floskeln wie: »Wir müssen den Wohlstand gerechter verteilen« oder Aussagen wie diese des grünen Parteivorsitzenden Robert Habeck: »In unserer Gesellschaft hat oft schamloser Reichtum stark zugenommen«, kommen bei den meisten Bürgern besser an.[4]

Fraglich bleibt jedoch, ob man sich im Sinne Habecks wirklich für Reichtum schämen sollte.

Neben der Umverteilung des »schamlosen« Reichtums wollen die Grünen, ebenso wie die Linken, mit denen sie eine Koalition auf Bundesebene erwägen, Hartz-IV-Empfänger, die Jobangebote ablehnen, nicht länger sanktionieren. Stattdessen sollen sie mehr Geld beziehen.

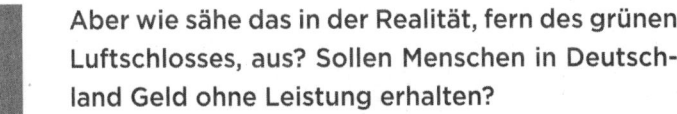

Aber wie sähe das in der Realität, fern des grünen Luftschlosses, aus? Sollen Menschen in Deutschland Geld ohne Leistung erhalten?

Ich finde es ist nicht verwerflich, dass wir von Kindesbeinen an lernen: Wenn wir etwas erreichen wollen, müssen wir etwas dafür tun. Und wenn wir das Erreichte behalten möchten, erst recht. Viele Väter sagen ihren Kindern beim

Schulabschluss: »Mach was aus deinem Leben.« Damit ist selbstverständlich auch der spätere berufliche Erfolg gemeint. Denn das Auto, von dem wir träumen, müssen wir erst mal verdienen, den Urlaub mit den Freunden genauso. Und wer im Beruf erfolgreich sein will, sollte hart dafür arbeiten, sich weiterbilden und Überstunden schieben.

Warum sollte diese Gesetzmäßigkeit nicht mehr gelten? Warum sollte jemand, der irgendwann dank harter Arbeit ein Jahresgehalt von über 100 000 Euro verdient, 45 Prozent (später sogar ab 200 000 Euro 48 Prozent) Steuern zahlen, wie die Grünen es in ihrem aktuellen Parteiprogramm fordern? Insbesondere mit Blick darauf, dass nach zusätzlichen Abgaben (Soli, Krankenversicherung, Rentenversicherung, Pflegeversicherung) eventuell weniger als 50 Prozent netto vom Brutto bleiben?

Wir sollten auch einmal auf andere Länder schauen. Schon heute sind wir in Deutschland das Land mit den zweithöchsten[5] Belastungen hinter Belgien im Ranking der OECD, dem Zusammenschluss von 38 führenden Volkswirtschaften weltweit. Mit den grünen Erhöhungen wären wir Weltmeister ... nur leider in einer Disziplin, die es nicht zu gewinnen gilt.

Das grüne und auch das linke Lager behaupten gerne, dass diese 3 Prozent Steuererhöhung keinen so großen Unterschied machen und dass sich die Besserverdiener nicht so anstellen sollen. Nun hören sich 3 Prozent zunächst mal wirklich wenig an, sind sie aber nicht. Denn wenn 3 Prozent fehlen, muss der Sommerurlaub von zwei auf eine Woche verkürzt werden, und man muss auf das neue Sofa verzichten und auf dem alten sitzen bleiben. Und das nicht nur dieses Jahr, sondern jedes Jahr, für immer. Wenn man in der glücklichen Lage ist, Geld sparen zu können, ohne sich einschränken zu müssen, wirken sich die 3 Prozent aber ebenfalls deutlich aus: Wenn man Mitte 30 ist und bis zur Rente jedes Jahr 3 Prozent weniger Netto übrig hat, muss man am Ende mindestens ein Jahr (wenn man einigermaßen gescheit sein Geld anlegt, sogar zwei Jahre) länger arbeiten, um auf dieselben Rücklagen zu kommen wie ohne die grüne Steuererhöhung.

 Die Behauptung, dass 3 Prozent nicht so viel seien, finde ich ziemlich anmaßend!

Und dass es unter einer grün-rot-roten Regierung zu vermutlich noch höheren Belastungen kommen würde, sollte uns allen bewusst sein.

Ist das fair, dass jemand, der viel arbeitet und damit viel erschafft, immer weiter abkassiert wird? Womit wiegen wir dann auf, dass Person X während ihrer Jugend länger im Büro saß, härter gearbeitet hat, weniger Zeit mit ihrer Familie verbringen konnte und für ihr berufliches Weiterkommen vielleicht gar von Stadt zu Stadt zog, während manche Altersgenossen täglich um 17 Uhr ihre Freizeit genießen konnten?

Im Übrigen halte ich von Umverteilung durch Vermögensteuer auch nichts. Clemens Fuest, Chef des ifo-Instituts, entzauberte diese Seifenblase der Gerechtigkeit kürzlich im

Gespräch mit der *Wirtschaftswoche*: »Dieser Schritt wäre ein deutliches Signal an Investoren im In- und Ausland, nicht in Deutschland zu investieren.«[6]

Damit wird der Wirtschaftsstandort Deutschland gefährdet. Frankreich hat es bewiesen. Dort hat eine Vermögensteuer gar zur Abwanderung von Personen und Betrieben geführt, und am Ende hatte das Land weniger Steuereinnahmen. Frankreich hat deshalb die Vermögensteuer weitgehend zurückgenommen.

Es käme einem Super-GAU gleich, wenn unsere Topunternehmer und erfolgreichen Manager, die Millionen von Arbeitsplätzen bereitstellen, abwanderten. Was gewännen wir dadurch?

Aber die Grünen wären nicht die Grünen, wenn ihnen das schon reichte. Der Grünen Jugend geht die Vermögensteuer nicht weit genug. Im Jahr 2013 – ja, das ist schon eine Weile her – forderte sie etwas für mich so Absurdes, dass ich es trotz des zeitlichen Abstands erwähnen möchte: »Auf ihrem 40. Bundeskongress im März 2013 beschloss die Grüne Jugend einen Antrag zur »solidarischen Erbschaftsteuer«. Darin heißt es: »Ab einer Summe von 1 000 000 Euro pro Erblasser/in soll Schluss sein. Alle Beträge, die darüber liegen, sollen mit 100 Prozent besteuert werden, um so der Konzentration von Vermögen vorzubeugen und die Staatskasse langfristig zu entlasten.«[7]

Dies entspräche der Enteignung von Erblassern, die mehr als eine Million erhalten. Auch heute noch möchten die Grünen Hinterbliebene gerne bluten sehen.

Nur sind sie im Jahr 2021 klug genug, keine Zahlen mehr in ihr Wahlprogramm zu schreiben. Aktuell liest man auf der Website der Grünen: »Wir teilen den Wohlstand gerechter – Superreiche sollen über eine verfassungsfeste, ergiebige und umsetzbare Vermögenssteuer mehr als bisher zu unserem Gemeinwesen beitragen. Auch eine reformierte Erbschaftssteuer könnte zur Stärkung unseres Gemeinwesens beitragen.«[8]

Reformiert bedeutet in diesem Fall nichts anderes als erhöht. Ich frage mich schon seit Längerem, was das Reichen-Bashing soll. Denn Vermögen ist nicht plakativ mit Porsche, Scampi und Champagner gleichzusetzen, wie es die Linken oft deuten. Von der aktuell niedrigen Erbschaftsteuer profitieren insbesondere Familienunternehmen, die Arbeitsplätze sichern, in die Zukunft investieren und die Firmen getreu der oftmals seit Jahrzehnten andauernden Familientradition an die nächste Generation weitergeben.

Deutschland ist die Nation der Hidden Champions. Hierzulande beträgt die Anzahl der mittelständischen Weltmarktführer 1307 pro Million Einwohner. In den USA, die auf dem zweiten Platz rangieren, sind es nur 366.[9] Deutschland als Weltmeister soll sich den Grünen zufolge also mit reformierter Erbschaftsteuer und Vermögensteuer der Familienunternehmen, einem der größten Assets unserer Industrienation, entledigen?

Robert Habeck erklärte im Interview mit dem *Tagesspiegel*: »Unsere öffentlichen Institutionen sind unsere Garanten für Freiheit. Die Herkunft darf nicht darüber entscheiden, welche Chancen jemand hat, glücklich zu werden. Das erfordert eben auch eine gute öffentliche Infrastruktur. Der Verzicht auf Staatlichkeit führt oft nicht zu mehr Freiheit, sondern zu Asozialität.«[10]

Ich möchte Herrn Habeck an dieser Stelle vehement widersprechen: Ich bin überzeugt, dass Vermögen in privater Hand für uns alle mehr Wohlstand bringt als in staatlicher.

Was wird mit den höheren Steuereinnahmen geschehen? Werden die Grünen das Versprechen Wohlstand für alle umsetzen? Mit Blick auf die zurückliegenden staatlichen Investitionen, beispielsweise dem Berliner Flughafen, zeigt sich, dass der Staat KEIN gut wirtschaftender Unternehmer ist.

Was den erwünschten Wohlstand für alle, inklusive fehlender Sanktionen für Hartz-IV-Empfänger, betrifft, halte ich es mit dem verstorbenen FDP-Chef Guido Westerwelle, der bereits 2010 mahnte:

»Wer dem Volk anstrengungslosen Wohlstand verspricht, lädt zu spätrömischer Dekadenz ein«[11] und »Wer den Sozialstaat zu lange überfordert, zerstört ihn«.[12]

Mit dieser Warnung vor der staatlichen Vollversorgung heimste er sich einen gehörigen Shitstorm ein. Ich verstehe bis heute nicht, was an seinen Aussagen falsch sein sollte. Ich empfinde nämlich genauso wie er: »Die meisten Menschen finden es unerträglich, wenn jemand, der arbeitet, oft weniger hat, als wenn er nicht arbeiten würde.«[13]

Ausgerechnet SPD-Kanzler Gerhard Schröder verdient es, dass ihm bei diesem Thema ein großer Tribut für sein gewagtes Großprojekt Agenda 2010 gezollt wird. Die Reformierung des Sozialstaats, die im Kern den Slogan *fordern und fördern* trug, war für einen Sozialisten sehr couragiert. Schröder sagte in seiner Rede zur Ankündigung der Agenda 2010: »Wir werden, meine sehr verehrten Damen und Herren, Leistungen des Staates kürzen, Eigenverantwortung fordern und mehr Eigenleistung von jedem Einzelnen abfordern müssen.«[14]

Er sollte so recht behalten. Deutschland profitiert noch heute von dieser Kraftanstrengung. So galt unser Land vor dieser Zeit als kranker Mann Europas und ist seitdem zum Zugpferd des Kontinents geworden.[15]

Leistung muss sich lohnen, und um dies zu gewährleisten, brauchen wir die soziale Schere. Allerdings sollte diese durchlässig sein und Menschen, die viel leisten, rasch den sozialen Aufstieg ermöglichen. Dafür benötigen wir anstelle der grünen Parole, den Wohlstand gerechter zu verteilen, ein noch breiteres und durchlässigeres Bildungssystem. Denn eine geschlossene Schere funktioniert nicht. Nur eine geöffnete Schere schneidet das Papier.

UND JETZT?
DAS NACHWORT

Ein Buch zu lesen bedarf der Aufmerksamkeit. Auch wenn ich liebend gerne lese und mir oft nichts Schöneres vorstellen kann, als an einem ruhigen Sonntag mit einem Stift in der Hand in meinem Lesesessel ein Sachbuch durchzuarbeiten, oder an einem lauen Sommerabend in einem Roman zu schmökern, weiß ich, dass das nicht für alle Menschen gilt.

Lesen ist in unseren schnelllebigen Zeiten nicht mehr das primäre Hobby. Umso dankbarer bin ich meinen Lesern, die bis zum Ende dranbleiben. Danke, dass du *Ich bin nicht grün* vollständig durchgelesen und damit den wohl längsten Meinungsbeitrag aller Zeiten konsumiert hast. Was bleibt von diesem Buch?

Die Einladung, dich mit der Politik und den Parteien in Deutschland auseinanderzusetzen. Bei der Bundestagswahl am 26. September 2021 tragen wir alle als MÜNDIGE Bürger Verantwortung. Daher sollten wir die Partei, die wir wählen, kennen, wissen, wofür sie steht, welche Absichten sie verfolgt und warum wir ihr unsere Stimme geben. Den Wahl-O-Maten zu bedienen, ist besser als nichts, aber nur auf dieser Basis vorzugehen, reicht bei einer solch wichtigen Entscheidung nicht.

Kürzlich sprach ich in der Garderobe mit einer Make-up-Artistin, nennen wir sie Judith, über Politik. Während sie mich schminkte, erklärte sie mir ihre politischen Standpunkte mit Blick auf die Bildung. Ich entgegnete: »Ganz klar, du musst die FDP wählen!« Entgeistert schaute sie mich an: »Die FDP? Mit denen kann ich gar nichts anfangen.« Flink zückte ich mein Handy und zeigte ihr den Anfang einer Parteitagsrede von Christian Lindner, dem Vorsitzenden der FDP.

Zufälligerweise wählte er dieselben Worte wie kurz zuvor Judith. Allerdings soll diese Anekdote KEINE Wahlempfehlung für die FDP sein, sondern lediglich zeigen, dass es durchaus sinnvoll ist, auch die Programme von Parteien durchzulesen, die einem nicht passen.

Wenn Menschen sagen, Politik und Wirtschaft seien langweilige Themen, entgegne ich stets: Ist deine Zukunft langweilig? Politikverdrossenheit ist nicht cool, sondern UNCOOL.

Solltest du nach deiner Lektüre immer noch entschlossen sein, die Grünen zu wählen, dann tu es! Du musst schließlich für die Partei stimmen, die in deinen Augen am besten für Deutschland ist.

 Freiheit bedeutet Verantwortung, und daher bitte ich dich: Übernimm Verantwortung!

Dass ich nicht grün bin, ist an dieser Stelle des Buches offensichtlich. Aber um meine politische Einstellung soll es hier gar nicht gehen. Meine Motivation, dieses Buch zu schreiben, lag primär darin, dich, meinen geschätzten Leser, zu überzeugen, dass wir Demokratie leben müssen. Dass wir wieder lernen müssen, unsere Freiheit zu schätzen, insbesondere unsere Meinungsfreiheit. *Ich bin nicht grün* ist der Aufruf zur leidenschaftlichen Diskussion.

Boris Palmer, grüner Oberbürgermeister von Tübingen, sagte: »In meinem Wikipedia-Eintrag geht es weit mehr um angebliche sprachliche Verstöße – ob zu Sprache, Integration oder Alltagsthemen – als um kommunalpolitische Arbeit. Als öffentliche Person muss ich diese Versuche der Maßregelung natürlich aushalten. Aber mir macht es große Sorgen, dass sich immer mehr Menschen aus der öffentlichen Debatte zurückziehen – aus Angst vor massiven persönlichen Nachteilen.«[1]

Palmers Sorge ist berechtigt. Nur noch etwas weniger als die Hälfte der Deutschen traut sich aktuell, ihre Meinung offen zu sagen. Das zeigt eine aktuelle Allensbach-Umfrage.[2] Es ist der schlechteste Wert seit 1953.

Wir sollten als Gesellschaft weniger harmoniesüchtig sein und wieder leidenschaftliche Kontroversen wagen. Das heißt, uns regelmäßig ein wenig Zeit zu nehmen, um das Weltgeschehen zu verfolgen und es in unserem Alltag mit Freunden, Familie und Kollegen zu diskutieren.

Dabei sind Meinungsverschiedenheiten vorprogrammiert. Doch Diskussionen sind nicht schlimm, sondern sogar etwas sehr Gutes. Denn unsere Demokratie lebt davon, dass wir uns nicht fürchten, unsere Meinung lautstark kundzutun. Genauso lebt Demokratie, aber auch vom Zuhören.

Leider liegt es in der Natur eines Buches, dass es einem Vortrag gleicht und keiner Diskussion. Liebend gerne würde ich die vielen angesprochenen Themen mit dir und jedem einzelnen Leser diskutieren. Deswegen nehme ich so oft wie möglich Einladungen für (digitale) Treffen von Verbänden oder Kirchenvereinen an.

Sicher würde ich einiges hinzulernen und könnte das eine oder andere Thema des Buches noch weiter ausführen. An vielen Stellen dieses Textes habe ich mich nämlich, entgegen meinem Naturell, kurz gefasst. Der Grund: Ich wollte ein Buch schreiben, das neugierig macht und zu bewältigen ist.

Richtig dicke Sachbücher schrecken häufig nicht nur mich, sondern auch viele andere Leser ab, habe ich bei einer nicht ganz repräsentativen Umfrage im Bekanntenkreis festgestellt. Mein Buch soll zudem leicht zu lesen sein, also auch strandtauglich, sowie unterhaltsam, gleichzeitig aber gehaltvoll. Ich hoffe, das ist mir gelungen. Doch dies zu beurteilen, liegt natürlich bei dir. Es liegt an dir, ob du dieses Buch weiterempfiehlst und vielleicht sogar eine Rezension schreibst. Denn *Ich bin nicht grün* soll sich am Markt behaupten. Meine Leser sollen entscheiden, ob es das Zeug zum Bestseller hat oder nicht.

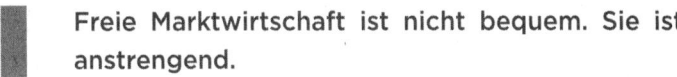

Freie Marktwirtschaft ist nicht bequem. Sie ist anstrengend.

Gerade das macht Marktwirtschaft aus. Der Wettbewerb um das beste Produkt und die stärkste Idee treiben Selbstständige und Unternehmen, inklusive ihrer Mitarbeiter, an. Ich glaube mit ganzem Herzen an eine Marktwirtschaft, die ihren Zusatz »sozial« verdient, aber auch weit entfernt ist von einer Planwirtschaft. Noch mehr staatliche Einmischung, als wir sie schon haben, wird nicht die Lösung sein.

Wir brauchen in Deutschland Wachstum für jede soziale Schicht. Noch mehr benötigen die Ärmsten der Armen in Entwicklungsländern es, wirtschaftlich voranzukommen!

Dieses Wachstum soll sich möglichst klimaschonend entwickeln. Logisch. Doch für diese monumentale Aufgabe gibt es keine einfache Lösung. Daher sollten wir alle versuchen, jeden Weg auszuprobieren – insbesondere auch die technologiebasierten Ansätze.

Ebenso wenig wie eine ideologische statt einer technischen Diskussion um die beste Lösung bringt uns ein Konsumverzicht in Deutschland dem Ziel der globalen Klimaneutralität entscheidend näher. Jeder Bürger soll selbstverständlich seinen Lifestyle so anpassen, wie er mag. Die Betonung liegt hier auf: wie er mag.

Ich verhalte mich auch klimabewusster als früher, bin aber die Grünfluencer mit ihrer Moralkeule sowas von LEID! Sei es die zur Schau gestellte Fahrt im neuen Elektroauto oder die Zehntausende Euro teure Solaranlage auf dem

Eigenheimdach. Grünes Geprotze ist keinen Deut besser als die Angeberei im klassischen Sinne. Es gibt nur noch den moralischen Zeigefinger obendrauf.

Als besonders gefährlich empfinde ich eine moralische Überheblichkeit, gepaart mit einem ökologisch-sozialistischen Zeigefinger, sozusagen einen Moralpopulismus. Dieser führt nur zur Spaltung der Gesellschaft und stärkt Ränder, in diesem Fall das rechte Lager.

Freiheit ist nicht bequem, sie macht Arbeit.

Mich beschleicht das Gefühl, dass wir freiheitsfaul geworden sind. Wenn uns jemand sagt, was zu tun ist, können wir ja wenig falsch machen. Das hört sich gemütlich an, aber eben auch fürchterlich langweilig und einengend. Für mich und meine Generation, so wie die meisten Menschen in Europa, ist Freiheit einfach da. Meinungsfreiheit, Reisefreiheit, Berufsfreiheit, freie Wahlen, Konsumentenfreiheit und, und, und. Es ist noch gar nicht so lange her, da gab es die meisten dieser Freiheiten im Osten unseres Landes nicht. Der Mensch weiß erst, was er hat, wenn er es vermisst.

Wehret den Anfängen eines übergriffigen Staates, sage ich dazu.

Menschen wählen die Grünen wegen des Umweltschutzes, zumindest die meisten Wähler. Ich habe hier darzulegen versucht, dass dieser Punkt heute jedoch kein Wahlargument mehr ist, wenn man sich den Klimaaktionismus der aktuellen Regierung und die Wahlversprechen der anderen Parteien (außer der AfD) anschaut.

Vielmehr sollten wir die Wahlprogramme der Parteien lesen und darauf achten, wie viele Seifenblasen sie enthalten. Von Letzteren gibt es viele bei den Grünen, aber auch andere Parteien werben mit blumigen Worten, die sich in der Realität nicht umsetzen und/oder finanzieren lassen. Am Ende entscheidet dann wohl doch unser Gefühl als Wähler, wo wir unser Kreuzchen setzen. Doch dieses Gefühl sollte fundiert sein.

Substanz entscheidet, auch bei der eigenen Wählerstimme.

Obwohl ich mich dieses Jahr mehr denn je mit den Partei- und Wahlprogrammen beschäftige, habe ich selbst mich bisher noch nicht auf eine politische Seite festgelegt. Ich schwanke noch zwischen zwei Parteien. Als Wähler bin ich Kunde und werde meine Kauf- (Wahl-) Entscheidung sorgfältig prüfen.

 Vergiss nie: Du investierst mit deiner Stimme in deine Zukunft – in unsere Zukunft.

DANKSAGUNG

Es ist meine dritte Danksagung in zwei Jahren. Geplant hatte ich das eigentlich nicht, aber auf das eine Buch folgte mein nächstes gesellschaftlich relevantes Herzensprojekt. Bevor ich mich jetzt also erneut bei meiner Familie und meinen Freundinnen bedanke, möchte ich dir zunächst ein Geheimnis verraten: Das Erste, das ich immer schreibe, sind Widmung und Danksagung.

Warum ich meine Bücher stets mit persönlichen Worten beginne? Bücher zu schreiben ist ein Privileg und gleichzeitig eine furchtbar anstrengende und einsame Aufgabe. Wenn ich also teilweise um fünf in der Früh noch vor meinem Laptop sitze, scrolle ich zur Danksagung, lese mir meine Worte durch und weiß wieder, warum ich mir das eigentlich antue. Wir alle kennen Menschen in unserem Leben, die uns antreiben, die das Maximale aus uns herausholen und uns ermutigen, die höchsten Höhen zu erklimmen.

Auch mich begleiten solche Menschen. Meine Eltern Thomas und Ira, meine über alle Maße geliebte Schwester Pia, die ich eigentlich nur Pancake nenne und meine Uroma Martha. Sie sind mein Fundament. Wenn ich an meine Familie denke, denke ich an Freiheit. Für uns ist Freiheit autoritätskritisch, und Liebe bedeutet bei uns stets, einander den Mut zu verleihen, alles zu wagen. Flapsig formuliert gelten zwei familiäre Grundregeln: »The sky is the limit« und »Sei alles, aber bloß kein Follower«. Zu meiner Familie gehören auch meine großartigen Freundinnen Roxy, Jil und Clara.

Neben Worten motivieren mich auch Bilder. Meinen Handybildschirm ziert mein aktuelles Lieblingsfoto. Es entstand kürzlich auf Mallorca. Meine Freundinnen und ich liegen zu viert ungeschminkt, angetrunken und sonnenverbrannt auf meinem Bett. Roxy ist kurz vorher noch in den Pool gefallen. Wir vier lachen in die Kamera. Ich liebe diesen Schnappschuss, weil er echt, frei und lebendig ist – so wie das Leben sein sollte.

Der unstillbare Durst nach Freiheit, Lebendigkeit und Authentizität eint mich mit allen Menschen, die mich bei diesem Buchprojekt unterstützen werden, darunter mein großartiger Literaturagent Ulf-Gunnar Switalski, der bereits aus meinen beiden ersten Büchern *Unfollow*[1] und *Pretty Happy, lieber glücklich als perfekt*[2] *Spiegel*-Bestseller machte und ein wahrhaft liberaler Freigeist ist.

Ulf versucht mir aktuell die hohe Tugend der Geduld beizubringen – wir können an dieser Stelle bereits festhalten, dass er gnadenlos scheitern wird. Neben Ulf gibt es noch einen weiteren Mann, der meine Bücher von Tag 1 an engmaschig begleitet hat: Tobias Bayer. Er ist mein größter Kritiker, ein herausragender Journalist und ein toller Freund.

Auch mein Verlobter Caspar wird dieses Buch unterstützen. Er ist mein Fels, mein Zuhause und wird es hoffentlich für immer bleiben. Er hat etwas in mir gesehen, bevor ich es selbst sah, mir die Welt und ihre unzähligen Möglichkeiten gezeigt und meinem tapsigen, unsicheren 18-jährigen Ich in vielerlei Hinsicht den Weg geebnet, den ich heute beschreite. Jeder, der Caspar zu seinem persönlichen Umfeld zählt, kann nur dankbar sein.

Danke auch an Georg Uhlrich, der an dieses Projekt glaubt. Unsere erste Besprechung war fantastisch, und ich freue mich schon jetzt darauf, mit dir loszulegen. Es wird gewiss eine spannende Reise, und eines steht fest: So schnell wie du hat noch nie jemand ein Cover entwerfen lassen. Meine Lektorin kenne ich aktuell noch nicht, aber ich schulde ihr schon jetzt großen Dank. Sie weiß noch nicht, wie anstrengend die Phase des Lektorats mit mir sein wird.

Wenn ich in den letzten Tagen aufgeregt von diesem Buchprojekt erzählte, bekam ich viele aufmunternde Worte zu hören. So sagte mir Felix zu, dass er in seinem wohlverdienten Urlaub als Rechtsanwalt meine ersten Entwürfe lesen würde. Auch Philip, wie immer hoch motiviert, versprach mir promptes Feedback.

Ich bin fest davon überzeugt, dass jeder Mensch ein Korrektiv braucht. Nur durch Diskussionen und Austauschen bringen wir etwas Gutes hervor. Und mein bisheriger Weg hat mich gelehrt: Kritik ist die höchste Form der Liebe. Sie ist ein Zeichen der Anerkennung.

Last but not least: DANKE an alle meine großartigen Leser. DANKE für eure Nachrichten, Leserbriefe und Rezensionen. Im Falle von *Ich bin nicht grün* hoffe ich auf besonders rege Diskussionen, auf die ich mich jetzt schon freue. Ich möchte mit dem für mich wichtigsten Satz dieses Buches schließen, auch wenn diese Lebenslehre nicht von mir selbst stammt:

Freiheit bedeutet Verantwortung.

ANMERKUNGEN

Vorwort

1   Mathias Döpfner, *Die Freiheitsfalle. Ein Bericht*, Propyläen 2011, S. 1

2   Ebda., S. 10/11

3   https://www.daserste.de/information/talk/maischberger/sendung/
maischberger-die-woche-616.html

Kapitel 1
Der Wurf aufs Kanzleramt

1   Ulrich Schulte, *Die grüne Macht: Wie die Ökopartei das Land verändern will*, Rowohlt 2021

2   https://www.sueddeutsche.de/politik/bundestagswahl-ku-chen-oder-kanzleramt-1.5294829

3   https://gruene-jugend.de/wir/

4   https://de.wikipedia.org/wiki/Geschichte_von_Bündnis_90/Die_Grünen#GAJB_und_GRÜNE_JUGEND

5   https://www.tagesspiegel.de/politik/joschka-fischer-der-aussenminister-bekennt-wir-haben-steine-geworfen/190976.html

6   https://www.wahlrecht.de/umfragen/forsa.htm

Kapitel 2
Journalismus in Grün?

1   https://www.ard-werbung.de/fileadmin/user_upload/media-perspektiven/pdf/2006/07-2006_Weischenberg.pdf

2   https://www.faz.net/aktuell/feuilleton/medien/ard-volontaere-wie-divers-ist-die-ausbildungs-generation-17038169.html

3   https://www.spiegel.de/spiegel/a-622703.html

4   Fleischhauer Jan, *How dare you! Vom Vorteil, eine eigene Meinung zu haben, wenn alle dasselbe denken*, Siedler 2020, S.238

5   https://magazin.spiegel.de/EpubDelivery/spiegel/pdf/84162327

6   https://www.ard-werbung.de/fileadmin/user_upload/media-perspektiven/pdf/2006/07-2006_Weischenberg.pdf

7   https://www.mdr.de/medien360g/medienpolitik/rundfunkbeitrag-kosten-kontrolle-100.html

8   https://www.spiegel.de/spiegel/a-622703.html

Kapitel 3
Herausragende Ämter benötigen herausragende Persönlichkeiten

1   https://annalena-baerbock.de/wp-content/uploads/2021/06/CV_deutsch_2021_06.pdf

2   https://nzzas.nzz.ch/international/annalena-baerbock-ist-die-furchtlose-ld.1611298

3   https://nzzas.nzz.ch/international/annalena-baerbock-ist-die-furchtlose-ld.1611298

4   https://www.bild.de/politik/inland/politik-inland/annalena-baerbock-genehmigte-sich-corona-bonus-selbst-76536458.bild.html

5   https://www.bild.de/politik/inland/politik-inland/annalena-baerbock-genehmigte-sich-corona-bonus-selbst-76536458.bild.html

6   https://www.ardmediathek.de/video/maischberger/annalena-baerbock-im-gespraech/das-erste/Y3JpZDovL2Rhc2Vyc3RlLmRlL2IlbnNjaGVu-

IGJlaSBtYWlzY2hiZXJnZXIvZmE3NGQ3NDAtNjU5OC00ZTE1LW-
FiMzctYTQ5ODczYTkwZGZk/

7   https://www.tagesschau.de/faktenfinder/baerbock-lebenslauf-101.html

8   https://www.tagesspiegel.de/politik/das-war-mist-baerbock-entschuldigt-
    sich-fuer-ungenauigkeiten-im-lebenslauf/27267988.html

9   https://www.wiwo.de/politik/deutschland/was-sich-in-deutschland-
    aendern-muss-wir-brauchen-faehige-minister/19351720.html

10 Ulrich Schulte, *Die grüne Macht – Wie die Ökopartei das Land verändern
    will*, Rowohlt 2021 S.31

11 https://www.spiegel.de/politik/deutschland/annalena-baerbock-sie-
    kann-es-koennen-a-864727de-034b-4abb-83d0-8b18531f51ef

12 https://www.bild.de/politik/inland/politik-inland/baerbock-bei-die-
    richtigen-fragen-ich-grille-sehr-gerne-76571290.bild.html

Kapitel 4
Arme Umwelt – alle böse,
außer die Grünen

1   https://de.wikipedia.org/wiki/Klimastreifen#/media/Datei:20181204_
    Warming_stripes_(global,_WMO,_1850-2018)_-_Climate_Lab_Book_
    (Ed_Hawkins).png

2   https://www.tagesschau.de/inland/dwd-wetter-101.html

3   https://www.gatesfoundation.org/ideas/articles/climate-change-
    agriculture-africa

4   https://www.umweltbundesamt.de/themen/klima-energie/klimaschutz-
    energiepolitik-in-deutschland/treibhausgas-emissionen/die-
    treibhausgase

5   https://www.umweltrat.de/SharedDocs/Downloads/EN/01_
    Environmental_Reports/2020_08_environmental_report_chapter_02.
    pdf?__blob=publicationFile&v=5

6   https://de.statista.com/statistik/daten/studie/2275/umfrage/hoehe-
    der-CO$_2$-emissionen-in-deutschland-seit-1990/

7   Bill Gates, *Wie wir die Klimakatastrophe verhindern*. Piper 2021, S. 83

8   Bill Gates, *Wie wir die Klimakatastrophe verhindern*. Piper 2021, S. 221

9   Ebda.

10   https://ec.europa.eu/clima/policies/international/negotiations/paris_de

11   https://de.statista.com/statistik/daten/studie/2275/umfrage/hoehe-der-CO$_2$-emissionen-in-deutschland-seit-1990/

12   https://ec.europa.eu/clima/citizens/support_de

13   https://www.thepioneer.de/originals/hauptstadt-das-briefing/briefings/der-durchbruch-in-der-klimapolitik

14   https://www.bundesregierung.de/breg-de/themen/klimaschutz/klimaschutzgesetz-2021-1913672

15   https://www.bmwi.de/Redaktion/DE/Artikel/Industrie/klimaschutz-abkommen-von-paris.html

Kapitel 5
Das wird man ja wohl noch verbieten dürfen!

1   https://cms.gruene.de/uploads/documents/2021_Wahlprogramm entwurf.pdf S. 19, 21 und https://cms.gruene.de/uploads/documents/20200125_Grundsatzprogramm.pdf S. 32, 34, 44

2   Die Parteispitze verweist gerne darauf, dass nicht alle Verbotskonzepte zum offiziellen Wahlprogramm 2021 gehören. Für alle hier genannten Beispiele gilt aber, dass sie aus offiziellen Parteigremien/-kreisen entstanden sind und führende deutsche Medien (*Welt, Spiegel, n-tv, Rheinische Post, tagesspiegel, Ärztezeitung, Süddeutsche Zeitung*) darüber berichtet haben.

3   https://beschluss.gruene-hamburg.de/wp-content/uploads/2019/04/B90GR_Nord_Wahlporgramm2019_Ausdruck.pdf S. 15

4   MIT-Studie "Environmental Analysis of US Online Shopping" oder https://www.umweltbundesamt.de/presse/pressemitteilungen/klimabilanz-von-online-ladenkauf-das-produkt

5   Bill Gates, *Wie wir die Klimakatastrophe verhindern*. Piper 2021, S. 73 und 169

[6] https://www.greenpeace.de/themen/waelder/acht-millionen-tonnen-co2

[7] Bill Gates, *Wie wir die Klimakatastrophe verhindern*. Piper 2021, S. 176 und https://www.adac.de/verkehr/tanken-kraftstoff-antrieb/alternative-antriebe/synthetische-kraftstoffe/

[8] https://www.adac.de/verkehr/tanken-kraftstoff-antrieb/tipps-zum-tanken/7-fragen-zum-benzinpreis/

[9] https://www.tagesspiegel.de/politik/klimaschutz-nur-noch-dreimal-im-jahr-fliegen/24090010.html

[10] https://cms.gruene.de/uploads/documents/2021_Wahlprogramm entwurf.pdf S. 20

[11] https://www.zeit.de/wirtschaft/2020-06/robert-habeck-mindestpreis-fleisch-tiere-foodwatch?utm_referrer=https%3A%2F%2Fwww.google.com

[12] https://www.spiegel.de/politik/deutschland/gruene-jugend-jamila-schaefer-ueber-patriotismus-im-fussball-a-1097391.html

[13] https://www.welt.de/politik/article133765347/Die-Gruenen-machen-Jagd-auf-die-Jaeger.html

[14] https://www.aerzteblatt.de/nachrichten/116296/Gruene-fordern-hoehere-Steuern-fuer-E-Zigaretten-und-Tabakerhitzer

Kapitel 6
Moralpopulismus

[1] https://de.statista.com/statistik/daten/studie/4052/umfrage/kirchenaustritte-in-deutschland-nach-konfessionen/

[2] https://de.statista.com/statistik/daten/studie/192243/umfrage/mitgliederentwicklung-der-gruenen/
https://www.rnd.de/politik/welche-partei-hat-die-meisten-mitglieder-grune-legen-zu-afd-und-spd-verlieren-5VONRZ2MSVF7USZJFKJA Q5D6M4.html

[3] https://www.duden.de/rechtschreibung/Moral

[4] https://www.nzz.ch/meinung/gegen-moral-und-kitsch-in-der-politik-hilft-das-bessere-argument-ld.1603244

5   https://www.nzz.ch/international/deutschland/cdu-generalsekretaer-paul-ziemiak-ueber-die-gruenen-sie-wollen-bevormunden-und-dafuer-sorgen-dass-die-menschen-so-leben-wie-die-gruene-partei-es-gerne-moechte-ld.1615054

6   https://twitter.com/CSU/status/1196875540143181825

7   https://www.faz.net/aktuell/wirtschaft/auto-verkehr/gruenen-waehler-fahren-gerne-suv-die-liebe-zum-gelaendewagen-17342165.html?premium

8   https://www.umweltbundesamt.de/sites/default/files/medien/1410/publikationen/texte_39_2016_repraesentative_erhebung_von_pro-kopf-verbraeuchen_natuerlicher_ressourcen_korr.pdf

9   https://www.bundestag.de/webarchiv/textarchiv/2010/28618246_kw06_de_parteispenden-200920

10 https://twitter.com/a_watch/status/1382361266015076353?ref_src=twsrc%5Etfw%7Ctwcamp%5Etweetembed%7Ctw-term%5E1382361266015076353%7Ctwgr%5E%7Ctw-con%5Es1_&ref_url=https%3A%2F%2Fwww.tagesspiegel.de%2Fpolitik%2Fvon-einem-software-entwickler-gruene-erhalten-rekordspende-von-einer-million-euro%2F27095988.html

11 https://www.tagesspiegel.de/politik/von-einem-software-entwickler-gruene-erhalten-rekordspende-von-einer-million-euro/27095988.html

12 https://www.bundestag.de/parlament/praesidium/parteienfinanzierung/fundstellen50000/2021/2021-inhalt-816896

13 https://www.tagesspiegel.de/politik/von-einem-software-entwickler-gruene-erhalten-rekordspende-von-einer-million-euro/27095988.html

14 https://www.hessenschau.de/panorama/a49-ausbau--uebergabe-gerodeter-waldflaechen-kein-grund-zur-freude--polizeieinsatz-im-maulbacher-wald--zusaetzliche-rodung-beantragt-,dannenroeder-forst-ticker-100~_p-13.html

15 http://starweb.hessen.de/cache/DRS/19/0/00700.pdf

16 https://www.gruene-hessen.de/partei/files/2018/12/Koalitionsvertrag-CDU-GRÜNE-2018-Stand-20-12-2018-online.pdf

17 https://twitter.com/FridayForFuture/status/1311996409735008258

18 https://www.hessenschau.de/panorama/a49-ausbau--uebergabe-gerodeter-waldflaechen-kein-grund-zur-freude--polizeieinsatz-im-

maulbacher-wald--zusaetzliche-rodung-beantragt-,dannenroe-der-forst-ticker-100˜_p-8.html

[19] https://twitter.com/Polizei_MH/status/1326436893903515648/photo/1

[20] https://osthessen-news.de/n11642126/kosten-fuer-einsatz-im-dannenroeder-forst-muessen-dargelegt-werden.html

[21] https://www.stuttgarter-zeitung.de/inhalt.im-konflikt-mit-den-gruenen-kretschmann-gegen-rassismus-studie-in-der-polizei.6b4bad30-1921-4706-90c3-dd0e51781ce6.html?reduced=true

[22] https://www.fr.de/politik/baden-wuerttemberg-abschiebungen-asyl-spd-gruene-cdu-afd-antrag-stuttgart-landtag-90047238.html

[23] https://www.fr.de/politik/baden-wuerttemberg-abschiebungen-asyl-spd-gruene-cdu-afd-antrag-stuttgart-landtag-90047238.html

[24] https://www.stern.de/politik/deutschland/katharina-schulze--gruenen-politikerin-isst-im-urlaub-eis-mit-plastikloeffel---shitstorm-im-netz-8516056.html

[25] CO_2-Rechner

[26] https://www.gruene-bundestag.de/fileadmin/media/gruenebundestag_de/themen_az/umwelt/PDF/180828_Autorenpapier_Plastikmüll_Aktionsplan.pdf

[27] https://www.bild.de/bild-plus/politik/inland/politik-inland/bundestag-das-sind-die-vielflieger-des-parlaments-63863732,view=conversionToLogin.bild.html

[28] https://www.bild.de/politik/inland/dr-anton-hofreiter/gruenen-fraktions chef-hinterzieht-steuern-fuer-zweitwohnung-35901772.bild.html

[29] https://www.gruene-hessen.de/landtag/pressemitteilungen/gruene-fordern-konse/

[30] https://www.welt.de/politik/deutschland/article222148854/Franz-Unterstaller-Polizei-erwischt-Gruenen-Umweltminister-mit-177-km-h.html

[31] https://www.zeit.de/politik/deutschland/2021-05/annalena-baerbock-nebeneinkuenfte-bundestag-nachmeldung-gruene?utm_referrer=https%3A%2F%2F

[32] https://www.gruene-bundestag.de/fraktion/fraktion-aktuell/transparenz

[33] https://dserver.bundestag.de/btd/17/126/1712699.pdf

34 https://www.spiegel.de/politik/deutschland/annalena-baerbock-zur-kanzlerkandidatin-der-gruenen-gekuert-alles-ist-drin-a-d421e5f4-20e4-4935-881c-21ca988c8f10

35 https://www.aphorismen.de/zitat/3957

Kapitel 7
Freiheit ist Verantwortung

1 https://www.uni-muenster.de/FNZ-Online/wissen/aufklaerung/quellen/kant.htm

2 Joseph Steglitz, *Die Schatten der Globalisierung*, Siedler 2004, S. 108

3 https://www.focus.de/politik/deutschland/schwarzer-kanal/die-focus-kolumne-von-jan-fleischhauer-rhetorik-der-angst-wie-die-politik-die-buerger-in-der-corona-starre-zu-halten-versucht_id_11896042.html

4 articleCTJHP-1.136243

5 https://www.handelsblatt.com/meinung/kommentare/kommentar-ein-virus-namens-hysterie/25754294.html?ticket=ST-3058969-puJPfPELPOjyZ31mMMpj-ap3

6 https://happiness-report.s3.amazonaws.com/2021/WHR+21.pdf

7 https://www.zdf.de/nachrichten/panorama/weltgluecksbericht-finnland-100.html

8 https://www.welt.de/print/welt_kompakt/print_wissen/article12734509/Die-Formel-der-Freundschaft.html

9 Döpfner, Mathias, *Die Freiheitsfalle: Ein Bericht*, Propyläen Verlag 2011, S.23

10 https://www.bundesgesundheitsministerium.de/presse/interviews/interviews/focus-110920.html

11 <blockquote class="twitter-tweet"> Die Zahl der Kindesmisshandlungen stieg im Lockdown-Jahr um 10,8 %. Bei Opfern unter 6 Jahren lag der Anstieg sogar bei 11,5 %. Sexuell missbraucht wurden 16 921 Kinder – 6,1 % mehr als im Vorjahr. Getötet, erschlagen oder zu Tode geprügelt: Anstieg 36 %.
Wo bleibt der Alarm? <a href="https://t.co/LWFj4SSQGm">pic.twitter.com/LWF-j4SSQGm</a> — Lydia Rosenfelder (@lyrosenfelder) <a href="https://twitter.com/lyrosenfelder/"

status/1397809625274241024?ref_src=twsrc%5Etfw">May 27, 2021</a>
</blockquote> <script async src="https://platform.twitter.com/
widgets.js" charset="utf-8"></script>

[12] Steingart, Gabor, *Die unbequeme Wahrheit: Rede zur Lage unserer Nation*, Penguin Random House Verlagsgruppe 2020, S. 82

[13] https://www.faz.net/aktuell/politik/inland/allensbach-umfrage-viele-zweifeln-an-meinungsfreiheit-in-deutschland-17390954.html

[14] https://www.daserste.de/information/talk/maischberger/sendung/maischberger-die-woche-616.html

[15] *Bunte Quarterly*, Mai 2021, S.60

Kapitel 8
Grüne Planwirtschaft – der Fahrradweg in die Armut

[1] Hans Rosling, *Factfulness*. Ullstein 2018

[2] https://de.wikipedia.org/wiki/Primat_der_Politik

[3] F. A. Hayek, *The Road to Serfdom*, The University of Chicago Press, new edition (2007)

Kapitel 9
Seifenblasenpolitik

[1] https://cms.gruene.de/uploads/documents/2021_Wahlprogramm entwurf.pdf

[2] https://de.statista.com/statistik/daten/studie/150664/umfrage/anteil-der-militaerausgaben-am-bip-ausgewaehlter-laender/

[3] https://cms.gruene.de/uploads/documents/2021_Wahlprogramm entwurf.pdf

[4] https://taz.de/Annaeherung-von-Oeko-Partei-und-Militaer/!5777000/

[5] https://www.spiegel.de/politik/deutschland/gruenen-parteitag-schliesst-einsatz-von-kampf-drohnen-nicht-mehr-aus-a-0e005293-1eb3-4075-8ea1-6b74bf6c84d2

[6] Media Pioneer Publishing AG – Hauptstadt, das Briefing vom 9. Juni 2021

[7] https://www.bund-nrw.de/themen/braunkohle/hintergruende-und-publikationen/braunkohlenkraftwerke/kraftwerksstandorte/#c935

[8] https://www.gruene-bundestag.de/themen/mobilitaet/gruene-strategie-fuer-eine-starke-bahn

[9] https://www.gruene.de/artikel/wahlprogramm-zur-bundestagswahl-202; https://www.die-linke.de/wahlen/wahlprogrammentwurf-2021/

[10] https://de.wikipedia.org/wiki/Vermögensteuer_(Deutschland)

[11] https://www.gruene.de/themen/steuern

[12] https://www.statistik-bw.de/Presse/Pressemitteilungen/2020345

[13] https://www.bmwi.de/Redaktion/DE/Dossier/erneuerbare-energien.html

[14] https://www.zdf.de/nachrichten/politik/gruene-baden-wuerttemberg-oekostrom-100.html

[15] https://cms.gruene.de/uploads/documents/2021_Wahlprogramm entwurf.pdf

[16] Bill Gates, *Wie wir die Klimakatastrophe verhindern.* Piper 2021

[17] https://ourworldindata.org/CO₂/country/germany?country=~DEU

[18] Bill Gates, *Wie wir die Klimakatastrophe verhindern.* Piper 2021

Kapitel 10
Weniger ist weniger – Degrowth ist nicht sozial, sondern asozial

[1] Nena Schink, *Unfollow! Wie Instagram unser Leben zerstört*, Eden Books 2020

[2] Hans Rosling, *Factfulness.* Ullstein 2018

Kapitel 12
Konservativ als Schreckgespenst

1   https://www.kas.de/de/web/geschichte-der-cdu/konservatismus

2   https://www.zeit.de/2020/08/konservativismus-leitwort-sprache-politische-debatte?utm_referrer=https%3A%2F%2Fwww.google.de

3   https://www.wiwo.de/politik/deutschland/bettina-roehl-direkt-was-ist-konservativ/9259508.html

4   https://taz.de/Verzweifelte-Konservative/!5629145/

5   https://www.zeit.de/2020/08/konservativismus-leitwort-sprache-politische-debatte?utm_referrer=https%3A%2F%2Fwww.google.de

6   https://www.tagesspiegel.de/politik/ex-bundespraesident-zur-demokratie-gauck-wirbt-fuer-erweiterte-toleranz-in-richtung-rechts/24459936.html

7   https://www.spectator.co.uk/article/-a-liberal-mugged-by-reality-

8   https://www.welt.de/politik/article4570831/Irving-Kristol-der-Pate-des-Neokonservativismus.html

Kapitel 13
Warum wir die soziale Schere brauchen

1   Nena Schink, *Unfollow! Wie Instagram unser Leben zerstört*, Eden Books 2020

2   https://editionf.com/nena-schink-unfollow-instagram-interview/

3   https://editionf.com/nena-schink-unfollow-instagram-interview/

4   https://www.tagesspiegel.de/politik/gruenen-chef-robert-habeck-die-groko-beguenstigt-das-anhaeufen-von-reichtum/20974496.html

5   https://www.oecd-ilibrary.org/sites/83a87978-en/1/3/1/1/index.html?itemId=/content/publication/83a87978-en&_csp_=3445743d6909dc
c02824b5f0a2e07895&itemIGO=oecd&itemContentType=book
#section-d1e367

6   https://www.wiwo.de/politik/konjunktur/vermoegensteuer-ein-signal-nicht-in-deutschland-zu-investieren/27277382.html

7   https://www.stuttgarter-zeitung.de/gallery.kuriose-gruenen-ideen-
    autofasten-duz-pflicht-sex-hilfe-fahnen-verbot-param~9~8~0~10~false.
    fa14723b-34ae-429f-a6db-f07e64c68c2d.html

8   https://www.gruene.de/themen/steuern

9   G. Steingart (2020), Rede zur Lage unserer Nation, S.203

10 https://www.tagesspiegel.de/politik/gruenen-chef-robert-habeck-die-
    groko-beguenstigt-das-anhaeufen-von-reichtum/20974496.html

11 https://www.spiegel.de/politik/deutschland/hartz-iv-debatte-westerwelle-
    warnt-vor-vollversorgerstaat-a-677163.html

12 https://www.faz.net/aktuell/politik/inland/sozialdebatte-westerwelle-
    sieht-deutsche-hinter-sich-1939380.html

13 https://www.faz.net/aktuell/politik/inland/sozialdebatte-westerwelle-
    sieht-deutsche-hinter-sich-1939380.html

14 https://www.deutschlandfunk.de/fordern-und-foerdern.862.de.html?
    dram:article_id=123445

15 https://www.economist.com/special/1999/06/03/the-sick-man-of-the-
    euro

Und jetzt? Das Nachwort

1   https://www.bild.de/bild-plus/politik/inland/politik-inland/allensbach-
    immer-mehr-deutsche-haben-sorge-offen-zu-sagen-was-sie-denken-
    wir-las-76782660.bild.html

2   https://www.faz.net/aktuell/politik/inland/allensbach-umfrage-viele-
    zweifeln-an-meinungsfreiheit-in-deutschland-17390954.html

Danksagung

1   Nena Schink, *Unfollow! Wie Instagram unser Leben zerstört*, Eden
    Books 2020

2   Nena Schink, *Pretty Happy, lieber glücklich als perfekt*, Edel Books 2021